Duden

Gendern – ganz einfach!

von Gabriele Diewald und Anja Steinhauer

Dudenverlag
Berlin

Die **Duden-Sprachberatung** beantwortet Ihre Fragen zu Rechtschreibung, Zeichensetzung, Grammatik u. Ä. **montags bis freitags zwischen 09:00 und 17:00 Uhr.**

Aus Deutschland: **09001 870098** (1,99 € pro Minute aus dem Festnetz)
Aus Österreich: **0900 844144** (1,80 € pro Minute aus dem Festnetz)
Aus der Schweiz: **0900 383360** (3.13 CHF pro Minute aus dem Festnetz)
Die Tarife für Anrufe aus den Mobilfunknetzen können davon abweichen.

Den kostenlosen Newsletter der Duden-Sprachberatung können Sie unter www.duden.de/newsletter abonnieren.

Bibliografische Information der Deutschen Nationalbibliothek
Die Deutsche Nationalbibliothek verzeichnet diese Publikation in der Deutschen Nationalbibliografie; detaillierte bibliografische Daten sind im Internet über http://dnb.dnb.de abrufbar.

D C B A
Bibliographisches Institut GmbH, Mecklenburgische Straße 53, 14197 Berlin

Autorinnen Prof. Dr. Gabriele Diewald, Dr. Anja Steinhauer
Redaktion Dr. Kathrin Kunkel-Razum

Herstellung Maike Häßler
Layout Sigrid Hecker, Eppingen
Umschlaggestaltung 2issue, München
Satz Sigrid Hecker, Eppingen
Druck und Bindung AZ Druck und Datentechnik GmbH
Heisinger Straße 16, 87437 Kempten
Printed in Germany

ISBN 978-3-411-74335-3
www.duden.de

Liebe Leserin und lieber Leser,

Sie arbeiten in einer Firma, in einer Behörde oder einer anderen Institution und möchten ein Anschreiben, ein Formular, eine Stellenanzeige oder eine Broschüre geschlechtergerecht verfassen, aber wissen nicht so recht, wie das geht und was Sie dabei beachten müssen? Dann stellen Sie sich wahrscheinlich Fragen wie diese:

- Gibt es rechtliche Bestimmungen, die ich berücksichtigen muss, z. B. bei Stellenanzeigen?
- Was heißt »geschlechtergerechtes Formulieren« eigentlich genau? Wer soll sich in den Texten wiederfinden?
- Welche Mittel gibt es in der deutschen Sprache dafür?
- Entsprechen alle Möglichkeiten – z. B. das Gendersternchen und der Unterstrich – den aktuellen Rechtschreibregeln?
- Und vor allem: Wie schreibe ich meinen Text so, dass er trotz dieser Anforderungen gut lesbar ist und lebendig wirkt?

Antworten auf diese Fragen geben wir Ihnen hier. Im Zentrum stehen die sprachlichen Mittel, die uns gegenwärtig zur Verfügung stehen, um geschlechtergerecht zu formulieren. Wir zeigen Ihnen die Vor- und die Nachteile bzw. Grenzen der einzelnen Varianten und ihre Verwendung in Texten. Denn darum geht es: dass lebendige und wirksame Texte entstehen, die die Leserinnen und Leser auch wirklich erreichen und die **alle** ansprechen.

Berlin, im März 2019

Die Autorinnen und die Dudenredaktion

Inhalt

1 Grundlagen

→ Was ist »gendern«?

Gendern ist, sehr allgemein gesprochen, ein sprachliches Verfahren, um Gleichberechtigung, d. h. die gleiche und faire Behandlung von Frauen und Männern im Sprachgebrauch, zu erreichen. Gendern bedeutet somit die Anwendung geschlechtergerechter Sprache.

Menschliche Sprache ist sowohl das Ergebnis als auch das Instrument gesellschaftlicher Vorstellungen über die Wirklichkeit. Anders formuliert: Sprache ist vom Denken geprägt und Sprache prägt das Denken. Zugleich ist Sprache die **Grundlage jedes gesellschaftlichen Handelns.** Damit sind die Sprache und ihr Gebrauch ein entscheidender Faktor für die Realisierung von Gleichstellung. Und damit ist Gendern ein wesentliches Instrument zur Durchführung dieser Bemühungen.

Dieser Ratgeber geht davon aus, dass gendergerechte Sprache in erster Linie die Berücksichtigung von **zwei Geschlechtern,** Männern und Frauen, sicherstellen muss. Diese Annahme, also die Voraussetzung der Zweigeschlechtlichkeit als Standardsituation, speist sich zunächst aus der prototypischen Alltagswahrnehmung vieler Menschen und sprachlichen Fakten. Die Einteilung der Menschen in zwei Geschlechter, in Frauen und Männer, stellt ein Grundmuster, einen Prototyp der mentalen und sozialen Organisation dar – im deutschsprachigen Raum und im globalen Kontext. Diese Zweiteilung strukturiert das gesamte gesellschaftliche und individuelle Leben.

Weitere Differenzierungen sind möglich und werden diskutiert. Im Dezember 2018 wurde im Deutschen Bundestag ein Gesetz verabschiedet, das einer Auflage des Bundesverfassungsgerichts nachkommt und im Geburtenregister neben der Unterscheidung von Männern und Frauen auch eine sogenannte »dritte Option«, und zwar den Eintrag »divers«, zulässt. Dass die Benennung dieser »dritten Option« umstritten war und auch nach der Entscheidung im Bundestag umstritten ist, zeigt, wie stark die Zweigliedrigkeit des Geschlechterkonzepts – also eine strikte Zuordnung zu einer von zwei Kategorien – auch im Rechtssystem (noch) verankert ist.

Die deutsche Sprache schließlich hat sich seit Anbeginn in einem gesellschaftlichen Rahmen entwickelt, der die Zweiteilung voraussetzt. Ihre Strukturen und ihre Bedeutungsunterscheidungen spiegeln dies in vielfältiger Weise. Dies muss bei Überlegungen zur geschlechtergerechten Sprache bedacht werden. Zugleich muss aber auch bedacht werden, dass der Wandel einer Sprache ein natürlicher und notwendiger Vorgang ist. Keine Regel einer Sprache gilt für alle Zeiten. Zu allen Zeiten gibt es neue Ausdrucks- und Benennungsbedürfnisse, die in der Gemeinschaft der diese Sprache Sprechenden »ausgehandelt« werden müssen. Neue Ausdrücke entstehen aber nicht durch Vorschriften, sondern sie ergeben sich durch vermehrte Verwendung innerhalb der Sprachgemeinschaft – das nennt man natürlichen Sprachwandel.

Vor diesem Hintergrund ist die Konzeption dieses Ratgebers zu sehen. Die theoretischen Grundüberlegungen und die sprachlichen Analysen und Tipps zur gendergerechten Sprache beziehen sich zunächst auf Zweigeschlechtlichkeit. Damit soll in keiner Weise die Möglichkeit oder gar die Legitimität in Abrede gestellt werden, weitere, feinere oder auch andere Differenzierungen je nach Ausdrucksabsicht zu treffen. An geeigneten Stellen nehmen wir im Folgenden auf entsprechende Vorschläge zur sprachlichen Sichtbarmachung anderer Geschlechtsidentitäten Bezug. Unser Schwerpunkt liegt jedoch auf Hinweisen und Ratschlägen zur angemessenen Sichtbarmachung von Frauen und Männern.

Wir hoffen, dass diese **pragmatische Grundhaltung** der sehr großen Zahl von Personen zugutekommt, die täglich mit der Standardsituation beim Bemühen um gendergerechte Sprache zu tun haben – und das ist aktuell die Unterteilung in Männer und Frauen.

Dieser Ratgeber bezieht sich vor allem auf die Anforderungen der **schriftlichen Kommunikation** und der **stärker formalisierten mündlichen** Kommunikationssituationen im beruflichen und öffentlichen Bereich. Typische Textsorten bzw. Redesituationen, für die dieses Buch hilfreich ist, sind somit beispielsweise Geschäftskorrespondenz an Einzelpersonen oder Gruppen, Rundschreiben, Ordnungen, öffentliche bzw. halb öffentliche Reden z. B. bei Versammlungen, Verhandlungen, Stelleninterviews oder auch Interaktionen mit den Medien und der Öffentlichkeit.

Wichtig ist, sich Folgendes klarzumachen: Es gibt keine Norm für diesen Bereich, die vergleichbar wäre mit anderen Normen wie zum Beispiel in der Rechtschreibung. Man kann nicht nach vorgegebenen Regeln gendern, sondern sollte immer versuchen, **situationsangemessen und sachangemessen**, d. h. inhaltlich korrekt, verständlich und ansprechend den Grundsatz der geschlechtergerechten Sprache im eigenen Schreiben und Sprechen umzusetzen. Dass wir bei unseren Vorschlägen dennoch die Regeln für orthografische Normen einbeziehen, versteht sich von selbst.

Die verschiedenen Faktoren, die die Auswahl sprachlicher Mittel beim Gendern mitbestimmen, können etwas genauer ins Auge gefasst werden:

- Jede Situation, in der wir Sprache verwenden, beruht auf spezifischen und aktuell relevanten **Ausdrucksabsichten.** Diese wirken sich direkt auf die konkrete Wahl der sprachlichen Mittel aus. Jede Sprecherin und jeder Sprecher wird hier also notwendigerweise zu individuellen Entscheidungen kommen.
- Jede sprachliche Äußerung ist an andere Personen gerichtet, die mehr oder weniger bekannt sind. Die **Anpassung an die Empfängerinnen und Empfänger** einer Äußerung ist für erfolgreiche Kommunikation von höchster Bedeutung.
- Die Anzahl der Inhalte, über die wir sprechen können, ist unendlich. Ebenso gibt es eine Vielzahl von verschiedenen, mehr oder weniger stark regulierten **Typen von Sprechsituationen und Textsorten**. Auch hier ergeben sich vielfältige Gestaltungsmöglichkeiten für das, was wir jeweils sagen möchten.
- Schließlich gibt es, insbesondere in beruflichen oder formalisierten kommunikativen Situationen, spezielle, nur lokal gültige Beschränkungen und **Vorschriften** für einen ganz bestimmten Sprachgebrauch. Zum Beispiel haben einige Institutionen bereits Richtlinien für gendergerechte Sprache entwickelt, die unter Umständen bestimmte sprachliche Instrumente ausschließen.

Daraus folgt, dass es keinen Katalog und keine abgeschlossene Liste sprachlicher Fertigteile gibt, die an bestimmten Stellen in einen vorgefertigten Text einzufügen wären, um damit gendergerecht zu kommunizieren.

Unser Bestreben kann es daher gar nicht sein, Ihnen derartige Fertigteile zu liefern. Stattdessen wollen wir Ihnen die sprachliche Prozedur des Genderns für Ihre schriftlichen und zum Teil auch mündlichen Kommunikationsprozesse geläufig machen und Ihnen das Spektrum der Gestaltungsmöglichkeiten aufzeigen, die Sie nach Bedarf anwenden können.

Trauen Sie sich also! Verwenden Sie die Sprache so, dass sie Ihre Absichten angemessen wiedergibt!

Es ist Ihre Sprache!

→ Genus, Gender, Geschlecht

Personenbezeichnungen sind ein besonderer Schwerpunkt der gendergerechten Sprachverwendung. Mit **Personenbezeichnung** sind alle sprachlichen Mittel gemeint, die Menschen bezeichnen können, Eigennamen und Titel *(Hans Müller, Professorin Meier)*, beschreibende Nominalausdrücke *(die Abteilungsleiterin, ein Postbote)*, Pronomen *(er, sie, alle, man, wer)* sowie weitere Ausdrucksmittel wie *bei uns, unter Freundinnen*, aber auch Kollektivbezeichnungen wie z. B. *Team* oder *Professorenschaft.*

Um die verschiedenen Faktoren der Sprachstruktur und des Sprachgebrauchs, die bei Personenbezeichnungen zusammenwirken, beschreiben zu können, hat sich die Unterscheidung der folgenden vier Schichten eingebürgert:

1. grammatisches Geschlecht = Genus *(der, die, das)*
2. Inhalt/Bedeutung von Wörtern = semantisches Geschlecht (*Mann* vs. *Frau*, *Bübchen* vs. *Mädchen:* Bedeutungsmerkmal ›männlich‹ vs. ›weiblich‹)
3. soziales Geschlecht, d. h. Gender: stereotypische Annahmen und Erwartungen über die sozialen Rollen und Charakterzüge von Männern und Frauen (»Männer sind tatkräftig, Frauen sind einfühlsam«)
4. biologisches Geschlecht (Sexus)

Die ersten beiden betreffen die Sprachstruktur direkt, die dritte und vierte Schicht sind außersprachlich, stehen aber in engen Verbindungen mit der Sprache. Wir sehen uns die ersten beiden Schichten etwas genauer an.

Grammatisches Geschlecht = Genus

Es handelt sich hier um eine **rein sprachliche, grammatische Kategorie** des Deutschen und vieler anderer Sprachen. Wie das Englische zeigt, ist Genus jedoch nicht in jeder Sprache vertreten. Die Kategorie Genus hat im Deutschen drei Kategorienmitglieder: Maskulinum – Femininum – Neutrum. Grammatisches Genus betrifft die nominalen Wortarten des Deutschen, also

Substantive:	(mask.) *Löffel*, (fem.) *Gabel*, (neutr.) *Messer*
Pronomen:	*er, sie, es; jener, keine, welches, dies*
Artikel:	*der/ein (Löffel), die/eine (Gabel), das/ein (Messer)*
Adjektive:	*(ein) silberner (Löffel), (eine) silberne (Gabel),* *(ein) silbernes (Messer); (ein) Guter, (eine) Gute, (ein) Gutes*

Substantive haben ein festgelegtes Genus: Das Substantiv *Gabel* ist immer feminin. Die anderen Wortarten können ihr Genus anpassen; welches der drei grammatischen Geschlechter (Maskulinum, Femininum oder Neutrum) bei der Verwendung dieser Wortarten jeweils realisiert wird, hängt von ihrer sprachlichen und nicht sprachlichen Umgebung ab. Hierbei gibt es zwei Faktoren, die die Genuswahl festlegen:

- Das Genus richtet sich innerhalb einer zusammengehörigen Wortgruppe immer nach dem Genus des Bezugswortes, d. h. des die ganze Gruppe dominierenden Substantivs – ***eine** silber**ne** Gabel / **ein** silber**ner** Löffel:* Das Genus des Artikels und das des attributiven Adjektivs sind abhängig vom Genus des Substantivs. Diese Übereinstimmung wird **grammatische** oder **syntaktische Kongruenz** genannt.
- Bei substantivierten Adjektiven und Partizipien (Partizip I und Partizip II) richtet sich das grammatische Geschlecht nach dem biologischen Geschlecht der gemeinten Person. Beispiele sind:
  der/die Kranke
  der/die Reisende
  der/die Angekommene

Ausnahmen von der Regel der Genusflexibilität bei Pronomen bilden einige Frage- und Indefinitpronomen, z. B. *wer* oder *man* (siehe unten).

Die Kategorie Genus wird **nur** im Singular unterschieden; im Plural gibt es nur eine Form für alle: ***die*** *Löffel,* ***die*** *Messer,* ***die*** *Gabeln;* ***die*** *Reisenden* (Sg.: *die Reisende* versus *der Reisende*), ***die*** *Schlauen* (Sg.: *die Schlaue* versus *der Schlaue*).

Wenn wir somit Personenbezeichnungen, die substantivierte Adjektive oder Partizipien sind, im Plural verwenden, ersparen wir uns die Unterscheidung eines Genus. Da diese Wortarten nur die Artikel haben, um das Genus zu bezeichnen, ist bei ihnen im Plural das grammatische Geschlecht automatisch neutralisiert und die Personenbezeichnungen sind damit auch genderneutral.

Die Zuordnung eines Substantivs zu einem grammatischen Geschlecht ist grundsätzlich willkürlich: vgl. *Löffel, Gabel, Messer.* Es gibt nichts inhaltlich »Männliches« im *Löffel* und nichts inhaltlich »Weibliches« in der *Gabel*. Aber: Es gibt eine Ausnahme von der Regel, dass das grammatische Geschlecht der Substantive losgelöst von ihrer inhaltlichen Bedeutung ist. Diese Ausnahme bilden – Sie werden es anhand der Beispiele schon erkannt haben – Personenbezeichnungen. Ausgerechnet!

Das führt uns zur zweiten Schicht, zur Bedeutung bzw. zum semantischen Geschlecht.

Semantisches Geschlecht (inhaltliche Bedeutung ›männlich‹ vs. ›weiblich‹)

Das semantische Geschlecht von Substantiven betrifft – anders als das grammatische Geschlecht – nicht die formale Klassenzugehörigkeit, sondern die **Bedeutungsebene** der Sprache, die Inhalte der jeweiligen Sprachzeichen.

Bei Personenbezeichnungen und einigen Tierbezeichnungen geht es hier um die semantischen Merkmale ›männlich‹ und ›weiblich‹, wie sie sich im außersprachlichen Bereich im biologischen Geschlecht widerspiegeln. So enthält ein Substantiv wie *Stute* die semantischen Merkmale ›Pferd‹ und ›weiblich‹, ein Substantiv wie *Hengst* die semantischen Merkmale ›Pferd‹ und ›männlich‹.

Bei diesen Personen- und Tierbezeichnungen korrelieren **oft** das Genus (grammatische Geschlecht) und das semantische Geschlecht (der Inhalt) auf folgende Weise:

Das semantische Merkmal ›weiblich‹ tritt mit dem grammatischen Geschlecht »Femininum« auf, während das semantische Merkmal ›männlich‹ mit dem grammatischen Geschlecht »Maskulinum« versehen ist. Beispiele, bei denen dies zutrifft, sind:

- Semantisch ›männlich‹ und grammatisch Maskulinum:
  der Vater, der Onkel, der Bruder, der Ochse ...
- Semantisch ›weiblich‹ und grammatisch Femininum:
  die Mutter, die Tante, die Schwester, die Stute ...

Allerdings gibt es auch hier Ausnahmen, also Personenbezeichnungen, deren grammatisches Genus und semantisches Geschlecht nicht in dieser Weise übereinstimmen: *das Weib, das Mädchen* (semantisch ›weiblich‹ und grammatisch Neutrum); *die Memme* (semantisch ›männlich‹ und grammatisch Femininum).

Daraus folgt eine wichtige Merkregel:

Grammatisches Geschlecht ist nicht gleich semantisches oder biologisches Geschlecht (Genus ist nicht gleich Sexus).

Die folgende Tabelle veranschaulicht diese Zusammenhänge.

		Grammatisches Geschlecht (GENUS)		
		Maskulinum (der)	**Femininum (die)**	**Neutrum (das)**
Semantisches Geschlecht (Bedeutung, Inhalt)	**›männlich‹**	*Mann* *Junge* *Ochse* *Hengst* ***Erzieher***	*Memme* *Tunte*	*Männlein* *Bübchen*
	›weiblich‹	*Vamp*	*Frau* *Henne* *Stute* ***Erzieherin***	*Weib* *Mädchen*

Es gibt auch Personenbezeichnungen, die insofern geschlechtsneutral sind, als sie das semantische Geschlecht **nicht** spezifizieren. Selbstverständlich hat jedoch auch ein solches Substantiv, wie jedes Substantiv im Deutschen, ein grammatisches Genus. Substantive dieses Typs werden **geschlechtsneutrale Substantive** genannt. Beispiele sind folgende:

Genus Maskulinum: *Mensch, Fan, Säugling, Prüfling, Zögling, Schützling*
Genus Femininum: *Person, (z. B. Hilfs-)Kraft, Leiche, Geisel, Waise*
Genus Neutrum: *Individuum, Mitglied, Opfer, Genie, Kind, Wesen, Geschöpf*

Die folgende Tabelle zeigt im Überblick, dass diese Substantive, anders als diejenigen in der Tabelle auf Seite 13, kein semantisches Merkmal für Geschlecht aufweisen.

		Grammatisches Geschlecht (GENUS)		
		Maskulinum (der)	**Femininum (die)**	**Neutrum (das)**
Bedeutungsmerkmal	**›menschlich‹**	*Mensch*	*Person*	*Individuum*
ACHTUNG: kein semantisches Merkmal zum Geschlecht		*Fan*	*Geisel*	*Genie*
		Säugling	*Waise*	*Kind*

Allen diesen Substantiven ist gemeinsam, dass sie – völlig unabhängig vom grammatischen Geschlecht – auf alle Menschen, unabhängig von ihrem biologischen Geschlecht, bezogen werden können. Die Bedeutung dieser Substantive macht über das semantische Geschlecht schlicht keine Aussage. Die Unterscheidung zwischen ›männlich‹ und ›weiblich‹, die bei vielen anderen Personenbezeichnungen ein Bedeutungsbestandteil des Substantivs ist, ist bei den geschlechtsneutralen Substantiven nicht vorhanden (neutralisiert). Das heißt nicht, dass die Lebewesen, die mit *Person, Kind* oder *Fan* bezeichnet werden, kein Geschlecht hätten. Die Bezeichnungen, die Substantive lassen dies jedoch offen.

Die geschlechtsneutralen Substantive können in einfachen Aussagen wie den folgenden ohne semantischen (inhaltlichen) Widerspruch mit ›männlichen‹ und ›weiblichen‹ Subjekten – also Eigennamen wie *Anna* (›weiblich‹) und *Simon* (›männlich‹) oder Pronomen wie *sie* (›weiblich‹) und *er* (›männlich‹) – verbunden werden.

Anna [›weiblich‹] *ist*	*eine Person* [Genus f.] *ein Säugling* [Genus m.] *ein Individuum* [Genus n.].
Simon [›männlich‹] *ist*	*eine Person* [Genus f.] *ein Säugling* [Genus m.] *ein Individuum* [Genus n.].

Suchen Sie nach geschlechtsneutralen Bezeichnungen, also Substantiven wie *Person, Genie, Fan.* Verwenden Sie solche Substantive, wenn Sie auf »gemischte« Gruppen verweisen.

Auch einige Wörter aus der übergeordneten Wortklasse der Pronomen sind geschlechtsneutral. Dazu gehören die Formen der ersten und zweiten Person Singular und Plural. Weder *ich* noch *du,* weder *wir* noch *ihr* noch die Höflichkeitsform *Sie* treffen die Unterscheidung ›männlich‹ versus ›weiblich‹.

Die Formen zur Bezeichnung der ersten und zweiten Person, also die Bezeichnungen für die Dialogrollen *(ich, du, wir, ihr, Sie)* sind immer geschlechtsneutral. Darüber hinaus eignen sie sich dafür, Beziehung zwischen den Kommunizierenden hervorzuheben.

Ferner werden die Fragewörter *wer* und *was* und Pronomen wie *man* und *niemand* als geschlechtsneutral betrachtet:

Frage:	***Wer / Was*** *war das?*
Antwort:	*Das war* ***der Postbote / die Nachbarin.***
Frage:	***Wen / Was*** *siehst du?*
Antwort:	*Ich sehe* ***den Postboten / die Postbotin.***

Niemand *ist gekommen, denn* ***Susanne*** *ist krank und* ***Sabine*** *ist verreist.*
Man *hatte keine Zeit für den Termin.*

Niemand *ist gekommen, denn* ***Stefan*** *ist krank und* ***Sebastian*** *ist verreist.*
Man *hatte keine Zeit für den Termin.*

!

Einige Pronomen, wie *man* und *niemand,* und manche Fragewörter, wie *wer* und *was,* sind geschlechtsneutral. In vielen Fällen sind sie eine elegante und kurze Lösung für Gendergerechtigkeit.

Anders als bei den geschlechtsneutralen **Substantiven** gibt es bei den geschlechtsneutralen **Pronomen der dritten Person** ***(der/die, seine/ihre)*** verschiedene Möglichkeiten – und Schwierigkeiten – der Wiederaufnahme im Text. Wenn wir zum Beispiel einen Satz, den wir mit dem geschlechtsneutralen Pronomen *wer* eingeleitet haben, mit einem Pronomen im Singular weiterführen wollen, dann müssen wir uns doch wieder zwischen Maskulinum und Femininum entscheiden. Also z. B.:

Wer *mit der Bearbeitung der Klausur fertig ist,* ***der/die*** *kann* ***seine/ihre*** *Sachen packen und den Raum verlassen.*

Als traditionell normgerecht gilt in diesen Fällen nur die Wiederaufnahme mit den Maskulinformen. Das führt uns zum nächsten Punkt.

→ Das »generische Maskulinum«

Das sogenannte »generische Maskulinum« ist einer der Hauptstreitpunkte um gendergerechte Sprache. Es betrifft **Personenbezeichnungen,** die in zwei Formvarianten auftreten, wie z. B. *der Bürger / die Bürgerin, der Wähler / die Wählerin, der Patient / die Patientin* und Tätigkeits-, Amts- und Berufsbezeichnungen wie *der Professor / die Professorin, der Beamte / die Beamtin, der Kanzler / die Kanzlerin, der Student / die Studentin.* Auch die substantivierten Adjektive und Partizipien im Singular gehören hierher (*der Reisende / die Reisende, ein Versicherter / eine Versicherte* usw.).

Beim Bezug auf »gemischte« Gruppen, also Gruppen von Personen unterschiedlichen Geschlechts, wie auch bei allgemeingültigen Aussagen stellt sich die Frage, welche sprachliche Form gewählt werden soll. Genauer gesagt: Diese Frage stellt sich heute, nachdem sie von der feministischen Sprachkritik massiv vorgetragen wurde.

Traditionell wird in solchen Fällen unhinterfragt das grammatische Geschlecht Maskulinum gesetzt. Damit wird die Bezeichnung für männliche Personen als die Hauptform und als korrekter sprachlicher Ausdruck auch für gemischte Gruppen angesehen. Weibliche Personen gelten als »mitgemeint«. Dies ist heute stark umstritten. Alle Leitfäden für gendergerechte Sprache raten von dieser **Gebrauchsgewohnheit** – denn das ist das »generische Maskulinum« letztlich – ab.

Woran liegt es nun, dass seine Verwendung derart in Verruf geraten ist? Hier hilft ein Beispiel. Wir stellen uns eine Meldung in einer Zeitung vor und fragen uns, worauf sich der Ausdruck *Erzieher* hier bezieht:

In den Kitas fehlen Erzieher.

Sind mit *Erzieher* Männer und Frauen gemeint oder nur Männer? Solange wir nur dieses Textsegment vor uns haben, können wir nicht sicher sein. Einerseits kann *Erzieher* sich auf männliche Personen und nur auf diese beziehen. Dann ist der Ausdruck geschlechtsspezifisch verwendet. Dies ist die normale Bedeutung des Substantivs *Erzieher* (und aller Personenbezeichnungen auf *-er*): Sie haben das Bedeutungsmerkmal ›männlich‹.

Andererseits wird der Ausdruck *Erzieher* jedoch auch so verwendet, dass Männer und Frauen gemeint sind. In diesem Fall wird vom »generischen Maskulinum« gesprochen. Nur der sprachliche oder außersprachliche Kontext kann die Frage klären, ob Frauen bei einer rein maskulinen Personenbezeichnung mitgemeint sein sollen oder ob dies nicht der Fall ist. Unser Beispielsatz lässt sich in beide Richtungen durch Hinzufügungen präzisieren:

- Version A: *Erzieher* als »generisches Maskulinum«

  In den Kitas fehlen Erzieher. *Da sich zu wenige qualifizierte Personen bewerben, kann ein Viertel aller Stellen nicht besetzt werden.*

- Version B: *Erzieher* als spezifisch männlicher Ausdruck

  In den Kitas fehlen Erzieher. *Laut Statistik gibt es nur ca. 2 % Männer in diesem Berufsfeld.*

Während in der A-Version die Form *Erzieher* auf Männer und Frauen verweisen soll, sind in der B-Version Frauen nicht mitgemeint. Dies erschließt sich aus den jeweiligen Folgesätzen. Die sprachliche Form *Erzieher* jedoch ist ohne weitere Erläuterungen mehrdeutig. Männer sind durch diese Form immer explizit gemeint. Hingegen lässt es diese Form im Unklaren, ob Frauen ebenfalls gemeint sind oder ob sie ausgeschlossen sind.

Das »generische Maskulinum« verstößt damit gegen ein grundlegendes Kommunikationsprinzip: nämlich gewünschte Klarheit und Vermeidung von Mehrdeutigkeit. Schon aus diesem Grund sollte es vermieden werden. Die offenkundige Benachteiligung von Frauen durch diesen Sprachgebrauch ist ein weiteres, nicht weniger wichtiges Argument gegen seine Weiterführung.

Vermeiden Sie das »generische Maskulinum«, wenn Sie klar, eindeutig und gendergerecht kommunizieren wollen!

Ein Beispiel, wie dies sehr gut gelingen kann, ist die Neujahrsansprache 2019 der Bundeskanzlerin. Darin heißt es als Anrede »Liebe Mitbürgerinnen und Mitbürger«. Weiter wird von »Polizistinnen und Polizisten« und von »Soldatinnen und Soldaten« gesprochen. Schließlich wird Dank gesagt »den vielen Rettungskräften und all denjenigen, die sich in Krankenhäusern und in der Pflege um andere kümmern, genauso wie den Millionen ehrenamtlich Tätigen«.

→ Zusammenfassender Überblick

Außersprachliche Kategorien von »Geschlecht«

Biologisches Geschlecht (= engl. sex)

- gilt für Menschen und Tiere
- steht i. d. R. von Geburt an fest
- wird für Personenbezeichnungen meistens auch grammatisch genutzt
  der Reisende und *die Reisende*,
  die Kranke und *der Kranke*

Soziales Geschlecht (= engl. gender)

- gesellschaftliche Rollen
  in der Familie, im Arbeitsleben, in Politik und Öffentlichkeit, in der Nachbarschaft
- soziale Eigenschaften
  verständnisvoll sein, kommunikativ sein, für andere sorgen, durchsetzungsstark auftreten, aggressiv sein, dominant sein
- Stereotypisches für Frauen und Männer
  kreischende Fans von Robbie Williams, randalierende Fußballfans, geht gern im Baumarkt einkaufen, geht gern in Schuhgeschäften einkaufen

Innersprachliche Kategorien von »Geschlecht«

Grammatisches Geschlecht (= Genus)

- **Maskulinum**
  der Löffel, der Hengst, der Vamp
- **Femininum**
  die Gabel, die Stute, die Memme
- **Neutrum**
  das Messer, das Pferd, das Mitglied

Semantisches Geschlecht (= inhaltl. Bedeutung)

- spiegelt die inhaltliche Bedeutung
- bezieht sich auf das außersprachliche Geschlecht
- hat die Merkmale
  männlich
  weiblich
  sächlich

2 Erste Schritte zum Gendern

→ *Schülerinnen und Schüler:* Ausführliche Doppelnennung

Die Doppelnennung femininer und maskuliner Formen ist die höflichste und eindeutigste Variante der sprachlichen Gleichstellung, denn es werden explizit die weiblichen und männlichen Personen genannt, um die es geht:

Kolleginnen und Kollegen
Schüler und Schülerinnen
Assistentin oder Assistent
einer oder eine
jede und jeder

Sie ist vor allem in der persönlichen Anrede üblich *(Liebe Mitbürgerinnen und Mitbürger)*, denn dort werden Sie ja explizit wollen, dass sich alle individuell angesprochen fühlen. Das funktioniert aber vor allem auch in schriftlichen Texten sehr gut, wenn man nicht in Platznot ist.

Die femininen Formen werden in der Regel mithilfe der Endung *-in* gebildet:

Dieb – Dieb|in, Chef – Chef|in
Bot|e – Bot|in, German|e – German|in
Franzose – Französin, Arzt – Ärztin

Zu den meisten Zusammensetzungen mit *-mann* können die femininen Entsprechungen mit *-frau* gebildet werden und umgekehrt:

Feuerwehrmann, Vertrauensmann, Kaufmann
→ *Feuerwehrfrau, Vertrauensfrau, Kauffrau*

Hausfrau, Putzfrau
→ *Hausmann, Putzmann*

Der Plural **zu beiden Formen** wird mit *-leute* gebildet:

Feuerwehrleute, Kaufleute

Die femininen Formen zu den maskulinen Berufsbezeichnungen auf -***eur*** werden im Deutschen mit -***in*** gebildet:

Dekorateurin, Ingenieurin, Konstrukteurin, Redakteurin, Regisseurin, Spediteurin

Zu einigen wenigen Berufsbezeichnungen sind auch die Formen auf -***euse*** möglich. Diese werden jedoch häufig abwertend gebraucht, z. B. bei *Masseurin/Masseuse* (s. u.).

Daher wird zunehmend auf die -*euse*-Formen verzichtet. Nur bei manchen Bezeichnungen sind sie noch sehr verbreitet bzw. die einzig übliche oder Hauptvariante. In Abstufung der momentanen Häufigkeit hier ein paar Beispiele:

- Nur auf -***euse*** sind üblich:
  Souffleuse, Diseuse
- Die Endung -***euse*** ist noch häufiger als -***eurin*** bei:
  Dompteuse, (seltener:) *Dompteurin*
- Offiziell nur -***eurin,*** umgangssprachlich noch -***euse*** bei:
  Friseurin, (umgangssprachlich:) *Friseuse*
- Offiziell nur -***eurin*** und auch die empfehlenswerte Bezeichnung bei:
  Masseurin

Masseurin/Masseuse
Beide femininen Bildungen zu *Masseur* konnten früher in gleicher Weise gebraucht werden. Inzwischen hat sich die Form *Masseurin* als allein korrekte Berufsbezeichnung durchgesetzt; die Form *Masseuse* hat heute dagegen meist die Bedeutung ›Prostituierte in einem Massagesalon‹.

Die Strategie der Doppelnennung ist oft das Mittel der Wahl, weil damit Männer und Frauen gleichermaßen benannt und explizit angesprochen werden. Besonders in denjenigen Kontexten, in denen es um beide Geschlechter geht, Frauen aber traditionell nicht so häufig vorkommen und daher bewusst angesprochen werden sollen, sollten Sie ausprobieren, ob die Doppelnennung nicht das angemessenste Mittel ist. Das kann zum Beispiel in Beschreibungen von Berufen der Fall sein, die nach wie vor vorwiegend männlich besetzt sind, in denen aber die Förderung von Frauen oder die Erhöhung der Anzahl beschäftigter Frauen angestrebt wird – aber auch umgekehrt.

Mittlerweile gibt es bereits für viele Ämter und Verwaltungsbereiche die Empfehlung, Berufs-, Amts- und Funktionsbezeichnungen für Frauen mit den jeweils femininen Formen zu bilden. In bestimmten Zusammenhängen können geschlechtsneutrale Formen aber geeigneter sein:

> *Ersatzperson, Gewährsperson;*
> *Fachkraft, Reinigungskraft* usw.

Besonders wichtig sind feminine Formen natürlich dort, wo es konkret um Frauen geht, die mit einem Titel oder einer Berufsbezeichnung benannt und/oder direkt angesprochen werden. Zu nahezu allen solchen Titeln und Berufsbezeichnungen existieren die femininen Entsprechungen, die sich auch weitestgehend durchgesetzt haben.

- **Benennung:**

  *Sie ist **Professorin** an der Musikhochschule.*

  *Sie wird **Staatssekretärin** im Familienministerium.*

  *Die **Bundesministerin** für Verteidigung, [Frau] X, eröffnete die Debatte.*

  ***Ministerpräsidentin** N. N. sprach vor dem Kongress.*

  *Sie ist **Amtfrau, Referentin für Jugendfragen, Redakteurin, Prokuristin, Direktorin, Rechtsanwältin, Richterin** ...*

  *Ihr wurde der Titel **Diplomkauffrau, Magistra Artium** verliehen.*

- **Direkte Anrede:**

  Sehr geehrte Frau Staatssekretärin / Ministerialrätin / Oberschulrätin ...

  Liebe Frau Bundeskanzlerin ...

Bei manchen Titeln schwankt der Gebrauch: Zum Beispiel hat sich in der schriftlichen Anrede der feminine Titel *Professorin* zwar weitgehend durchgesetzt;

in gesprochener Sprache sind dagegen (noch?) die Formen *Frau Professor* und *Frau Professorin* üblich. Bei den Formen *Doktor/Doktorin* ist die Bezeichnung *Doktorin* seltener und überwiegend in Österreich gebräuchlich, meist heißt es also nach wie vor *Frau Doktor.* Allerdings machen Sie überhaupt nichts falsch, wenn Sie eine Frau mit *Frau Doktorin* anreden.

Was dagegen heute gar nicht mehr üblich ist, ist die frühere Sitte, Titel oder Berufsbezeichnung eines Mannes [in der Anrede] auf die Ehefrau zu übertragen. Man sagt in diesen Fällen also **nicht** *Frau Professor* oder *Frau Doktor,* wenn die entsprechende Frau nicht selbst Professorin ist oder promoviert hat.

Zuweilen wird zur Geschlechtskennzeichnung einem maskulinen Titel oder einer maskulinen Berufsbezeichnung auch das Attribut ›weiblich‹ vorangestellt *(Sie war der erste weibliche Minister).* Solche Formulierungen sollten Sie besser vermeiden.

Gestaltung der Doppelnennung

Praktisch können Sie die Doppelnennung je nach Kontext in verschiedener Weise durchführen: die Formen können im Singular oder im Plural stehen und sowohl mit *und* als auch mit *oder* verbunden werden; in welcher Reihenfolge Sie die beiden Formen nennen, ist vollkommen variabel:

- Singular mit ***oder:***
  der Antragsteller oder die Antragstellerin
- Singular mit ***und:***
  der Schüler und die Schülerin
- Plural mit ***und:***
  die Antragstellerinnen und (die) Antragsteller
- Plural mit ***oder:***
  die Antragstellerinnen oder (die) Antragsteller

Sie haben zudem die Möglichkeit, die Konjunktion durch einen Schrägstrich zu ersetzen (zu weiteren Varianten mit Schrägstrich vgl. den folgenden Abschnitt):

der Antragsteller / die Antragstellerin

Der Vorteil aller dieser Möglichkeiten liegt auf der Hand: Sie sprechen explizit alle potenziell Betroffenen an, sowohl Männer als auch Frauen werden sich gemeint fühlen.

Statt der maskulinen Form ...	**... ist die Doppelnennung besser**
Der Antragsteller unterschreibt hier.	*Der Antragsteller oder die Antragstellerin unterschreibt hier.*
Die Schüler wechseln sich ab.	*Der Schüler und die Schülerin wechseln sich ab.*
Alle Mitarbeiter werden gebeten ...	*Alle Mitarbeiterinnen und Mitarbeiter werden gebeten ...*
Bewerber melden sich an der Pforte.	*Bewerberinnen oder Bewerber melden sich an der Pforte.*

Den Nachteil sehen Sie beim Blick auf die Tabelle: Man braucht für die Doppelnennungen mehr Platz – was etwa bei einer Begrenzung der Zeichenzahl in bestimmten Textformaten ein Problem darstellen kann. Auch in der gesprochenen Sprache kann es störend wirken, in kurzen Abständen immer wieder zwei Formen statt einer auszusprechen. Daher sehen Sie im folgenden Abschnitt Möglichkeiten, wie Sie statt dieser langen Formen verkürzt schreiben können und wie Sie ganz anders formulieren können.

→ *Schüler/-innen:* Schrägstrich mit Bindestrich

Der Schrägstrich dient der Angabe mehrerer gleichberechtigter Möglichkeiten:

Frau/Herrn, Arzt/Ärztin, Patientinnen/Patienten, jede/jeder

Hinzu kann in vielen Fällen eine andere Möglichkeit treten, die uns die amtliche Rechtschreibung bietet, nämlich die Einsparung von Wortteilen mithilfe des Bindestrichs:

Textilgroßhandel und Textileinzelhandel = Textilgroß- und -einzelhandel
Eingang und Ausgang = Ein- und Ausgang, Ein-/Ausgang

Bei Personenbezeichnungen, die sich nur durch die Endung unterscheiden, kann also mithilfe des Schrägstrichs und des Bindestrichs deutlich verkürzt geschrieben werden; der Ergänzungsbindestrich vor der Endung ist nach der amtlichen Rechtschreibung nach wie vor vorgesehen, wird allerdings aus typografischen Gründen häufig auch weggelassen:

Ausführliche Doppelnennung	**Verkürzte Doppelnennung**
Mitarbeiter und Mitarbeiterinnen	*Mitarbeiter/-innen*
Mitarbeiter/Mitarbeiterinnen	*Mitarbeiter/innen*
Assistent und Assistentin	*Assistent/-in*
Assistent/Assistentin	*Assistent/in*
jede und jeder	*jede/-r*
jede/jeder	*jede/r*

Wenn die feminine Form allerdings mit einem Umlaut gebildet wird, ist dies nicht möglich, denn dann gibt es ja keinen gleichlautenden Wortteil, auf den man sich beziehen könnte. Solche Wortpaare können daher nicht verkürzt, sondern nur mit Schrägstrich geschrieben werden – es entfällt also lediglich *und* bzw. *oder*.

Arzt/Ärztin, Bauer/Bäuerin, Bischof/Bischöfin

Auch Wortpaare, bei denen die feminine Form nicht nur durch Anfügen einer Endung an die maskuline Form gebildet wird, sondern bei denen auch ein Wortbestandteil der maskulinen Form weggelassen werden muss, können nicht so einfach mit dem Schrägstrich verkürzt werden:

Singular: *Kolleg**e*** → *Kolleg**in***
Plural: *Kolleg**en*** → *Kolleg**innen***

Auch bei unterschiedlichen Endungen innerhalb einer Wortgruppe sollten Sie besser alle Formen ausschreiben:

Wir suchen eine erfahrene Webdesignerin / einen erfahrenen Webdesigner.

Aufgrund dieser Schwierigkeiten bei der Einsparung lässt sich in den letzten Jahren ein interessanter Wandel im Gebrauch der Kurzformen beobachten: Aus pragmatischen Gründen wird offensichtlich die Doppelform in der Sparschreibung wie ein Gesamtwort (ähnlich einem Pluralwort) behandelt, das entsprechend unkompliziert flektiert wird – ohne Bindestrich und gegebenenfalls auch ohne auf die eigentlich nötige Endung zu achten, die zum Beispiel im Dativ Plural des Maskulinums (*Mitarbeiter**n*** oder *Kollege**n***) nötig wäre:

den Mitarbeiter/innen = den Mitarbeiterinnen und Mitarbeitern
den Kolleg/innen = den Kollegen und Kolleginnen

!

Bei der verkürzten Schreibweise für *Mitarbeiter und Mitarbeiterinnen* gibt es die Möglichkeit, mithilfe des Schrägstrichs und Ergänzungsbindestrichs verkürzt zu schreiben: *Mitarbeiter/-innen*, zu beobachten häufig auch ohne Bindestrich: *Mitarbeiter/innen*. Einschränkungen gibt es aber z. B. beim Dativ Plural (nicht zu empfehlen: *den Mitarbeiter(n)/-innen*). Auch hierfür findet man daher zunehmend die einfache Form: *den Mitarbeiter/innen*. Wenn Sie nicht an die amtlichen Regeln gebunden sind (wie es etwa Schulen und Behörden aber sind!), dann können Sie diese Möglichkeit nutzen – offiziell korrekt ist sie allerdings nicht.

Ähnlich wie bei Abkürzungen ist natürlich klar, was gemeint ist und was also (im Geiste) ergänzt werden muss, um die ausführliche korrekte Form zu erhalten. Damit entfallen die sprachsystematischen Probleme, die auftauchen, wenn man die beiden Formen unabhängig voneinander mit der jeweiligen Flexionsendung versehen möchte *(den Mitarbeiter-/-inne-/-n)* – allerdings bewegt man sich damit außerhalb der orthografischen Normen und der grammatisch korrekten Formen; der Sprachgebrauch scheint sich hier also losgelöst von formalen Regeln zu entwickeln. Ein weiterer Schritt in diese Richtung sind ähnlich kreative Schreibungen wie *MitarbeiterInnen, Mitarbeiter*innen, Mitarbeiter_innen,* die sich ebenfalls nicht im Rahmen der amtlichen Rechtschreibung bewegen und die im Folgenden besprochen werden.

→ *SchülerInnen:* Großes I

Das große I im Wortinnern wird auch als »Binnen-I« oder »Binnenmajuskel« bezeichnet:

LehrerInnen
MitarbeiterInnen
ManagerInnen
StudentInnen

Diese Schreibung ist seit Anfang der 1980er-Jahre bekannt und in bestimmten Kontexten sehr gebräuchlich. Allerdings sehen die offiziellen Rechtschreibregeln Binnengroßbuchstaben nicht vor.

Das ursprüngliche Ziel, mit der Verwendung des Binnen-I überhaupt erst einmal die Aufmerksamkeit auf das Problem zu lenken, dass mit dem »generischen Maskulinum« Frauen zwar formal mitgemeint sind, aber häufig gedanklich nicht in vollem Maße mit assoziiert werden, ist tatsächlich erreicht worden: Erstens zieht ein Großbuchstabe im Wortinnern Aufmerksamkeit auf sich (nicht umsonst verwendet inzwischen nicht nur die Deutsche Bahn diese Schreibweise in vielen Komposita).

Und zweitens kann man mit der Verwendung des Binnen-I den grammatisch-stilistischen Problemen, die wir eben skizziert haben, quasi entgehen, da ohnehin ein »Regelverstoß« zu verzeichnen ist. Zudem wissen alle sofort, wer gemeint ist und was das Ziel ist.

MitarbeiterInnen
In einigen eher knapp gehaltenen Textsorten wie Tabellen, Listen, Protokollen usw. wird nach wie vor gern auf das Binnen-I zurückgegriffen. Es hat den Vorteil, dass auf den ersten Blick deutlich wird, dass sowohl Frauen als auch Männer gemeint sind, und ist trotzdem nicht so unpersönlich wie etwa neutrale Ausdrücke wie *Belegschaft*. Es ist also eine Frage des Geschmacks, ob Sie das Binnen-I in Texten verwenden möchten oder zu denjenigen gehören, die das aus grundsätzlichen Erwägungen ablehnen. Trauen Sie sich eine eigene Meinung zu und probieren Sie es aus, wenn Sie nicht an das amtliche Regelwerk gebunden sind und eigene Texte frei gestalten können.

Kritik, man könne das nicht aussprechen, können Sie leicht entkräften: Man löst beim Sprechen in die Doppelform auf, die gemeint ist, nämlich hier in *Mitarbeiterinnen und Mitarbeiter.* Das ist vergleichbar mit Abkürzungen, die beim Sprechen die lange Form wiedererhalten: Sie kommen vermutlich auch nicht auf die Idee, die Kurzformen *usw.* oder *Hbf.* beim Vorlesen in dieser Gestalt vorzutragen, sondern lösen ganz selbstverständlich in die Vollformen »und so weiter« und »Hauptbahnhof« auf. Wenn man also die Analogie zu Abkürzungen ernst nimmt, ist die Schreibung mit Binnen-I als eine Form der Sparschreibung für die ausführliche Doppelnennung anzusehen.

→ *Schüler*innen:* Sternchen

Ähnlich verhält es sich mit der »Sternchenlösung«. Hierbei wird ein Stern, auch Asterisk und in unserem Kontext konkret Genderstern oder Gender-Star genannt, statt des großen I vor die feminine Endung gesetzt:

*Lehrer*innen*
*Mitarbeiter*innen*
*Manager*innen*
*Student*innen*

Der Stern wird in den letzten Jahren zunehmend – und nicht mehr nur wie ursprünglich im universitären Umfeld – verwendet. Besonders häufig findet man das Sternchen in Kontexten, in denen aufgrund aktueller Transgender- und Intersexualitätsdebatten nicht von lediglich zwei Geschlechtern ausgegangen wird, Geschlecht also nicht mehr als ein »binäres« System verstanden wird. Mit dem Sternchen soll bewusst irritiert und die Möglichkeit weiterer Kategorien angedeutet werden.
Es wird dabei auch als eine Weiterführung des Binnen-I angesehen, da angenommen wird, dass auch das große I lediglich auf der Annahme nur zweier Geschlechter beruht. Aber auch in Texten, in denen es »nur« um die Nennung femininer und maskuliner Formen geht, ersetzt der Stern inzwischen häufig das Binnen-I und wird als zeitgemäßer empfunden. Beide Lösungen stehen aber natürlich nicht im Einklang mit der amtlichen Orthografie.

!

Politiker*innen
Sowohl um Geschlechtsstereotypen entgegenzuwirken als auch um Transsexuelle, Transgender und intersexuelle Personen nicht zu diskriminieren, hat etwa die Partei *Die Grünen* Ende 2015 beschlossen, das Gendersternchen als einen Teil der Strategie, ihre Texte gendergerecht zu gestalten, einzusetzen.

→ *Schüler_innen:* Unterstrich

Eine weitere Möglichkeit, die sich nicht im amtlichen Regelwerk zur deutschen Rechtschreibung findet, ergibt sich mit dem sogenannten »Gendergap«, dem Unterstrich. Auch dieser steht innerhalb der Wortform und soll wie das Binnen-I und das Sternchen mindestens darauf hinweisen, dass feminine und maskuline Form *(Lehrerinnen und Lehrer)* gleichermaßen gemeint sind:

Lehrer_innen
Mitarbeiter_innen
Manager_innen
Student_innen

Ähnlich wie das Sternchen hat der Unterstrich die zusätzliche Implikation, alle über das binäre System hinausgehenden sozialen Geschlechter und Geschlechtsidentitäten auch sprachlich auszudrücken. Gemein ist allen diesen Lösungen eine bewusste Irritation des normalen Schriftbildes.

Der Unterstrich kann allerdings zu einigen praktischen Problemen führen: Wenn Sie ein solches Wort seinerseits unterstreichen möchten, entsteht eine Lücke, denn der Unterstrich verliert sich quasi in der Linie, die sich durch das Unterstreichen ergeben hat. Auch Internetsuchen können durch die unkonventionelle Schreibweise erschwert werden – das gilt im Übrigen natürlich genauso für die Sternchenlösung.

Anmerkung: Aktuell, im Herbst 2018, sind die letzten drei Möglichkeiten, d. h. Binnen-I, Genderstern und Gendergap, zwar noch nicht Bestandteil der amtlichen Rechtschreibung, doch sind sie als weitverbreitete und legitime Mittel des Strebens nach geschlechtergerechtem schriftlichen Ausdruck anerkannt.

→ *Schüler(innen)*: Klammern

Grundsätzlich können Buchstaben oder Wortteile zur Kennzeichnung einer Sparschreibung in Klammern eingeschlossen werden – was bedeutet, dass man das Wort mit oder ohne den eingeklammerten Teil lesen kann. Dies gilt unabhängig davon, ob die Klammer am Wortende steht oder ob sie einen Einschub innerhalb des Wortes kennzeichnet:

Schüler(in) = Schüler und/oder Schülerin
Fahrer(innen) = Fahrer und/oder Fahrerinnen
eine(r) = eine oder einer, jede(r) = jede und/oder jeder Kolleg(inn)en = Kollegen und/oder Kolleginnen, Student(inn)en = Studenten und/oder Studentinnen

Die Einklammerung der femininen Endung wird jedoch vielfach abgelehnt: Sie erwecke den Eindruck, die feminine Form sei zweitrangig und weniger wichtig, weil der eingeklammerte Bestandteil weggelassen werden kann – denn übrig bleibt dann ja allein die maskuline Form. Das wiederum verletzt das Gebot der sprachlichen Gleichbehandlung, wie es dem geschlechtergerechten Formulieren zugrunde liegt.

Die Klammerlösung ist daher heute kaum mehr üblich!

→ Schwierigkeiten bei verkürzten Formen

Wie wir schon im Einleitungskapitel ausgeführt haben, sind geschlechtergerechte Formulierungen im Singular oft nur aufwendig zu realisieren, da die Artikel, Adjektive und Pronomen der femininen und der maskulinen Formen im Singular nicht übereinstimmen:

*Jede Mitarbeiterin, **die** zu spät kommt, muss **ihre** Verspätung entschuldigen.*
*Jeder Mitarbeiter, **der** zu spät kommt, muss **seine** Verspätung entschuldigen.*

In diesem Abschnitt geht es um die Möglichkeit einer Sparschreibung, um die vollständig doppelte Formulierung zu vermeiden. In solchen Fällen aber würde ein Verkürzungsversuch zunächst zu stilistisch und grammatisch kaum vertretbaren Ergebnissen führen (wie *Jede/-r Mitarbeiter/-in, der/die zu spät kommt, muss seine/ihre Verspätung entschuldigen*).

Was also tun? Prüfen Sie immer, ob Sie auf den **Plural** ausweichen können, denn da stimmen – wie wir schon im ersten Kapitel ausgeführt haben – zum Beispiel der Artikel *die*, das Relativpronomen *die* und auch andere Pronomen wie das Possessivpronomen *ihre* überein. Wenn Sie also etwa *jede und jeder* durch *alle* ersetzen können, ergibt sich eine einfache Lösung – die Sparschreibung sieht nicht mehr so kompliziert aus und ist auch formal schlüssig:

Alle Mitarbeiter/-innen, die zu spät kommen, müssen ihre Verspätung entschuldigen.

Versuchen Sie bei den Sparschreibungen immer zu prüfen, ob Sie auch auf den Plural ausweichen können. Allerdings wäre in manchen Fällen die explizite Doppelnennung auch nicht viel länger als die Sparschreibung:

Alle Mitarbeiterinnen und Mitarbeiter, die zu spät kommen, müssen ihre Verspätung entschuldigen.

Das Ausweichen auf die Pluralform *alle* bietet sich auch als Strategie zur Vermeidung des Pronomens *jedermann* an, das häufig als geschlechtsspezifisch betrachtet wird:

Gesundheitsvorsorge für jedermann → *Gesundheitsvorsorge für alle*

Gibt es keine passenden Pluralformen, ist die ungekürzte Doppelnennung des Singulars am übersichtlichsten und oft kaum länger:

Nicht übliche Sparschreibung	Sinnvoll
Wir wollen die Aufmerksamkeit des/-r Lesers/-in wecken.	*Wir wollen die Aufmerksamkeit des Lesers / der Leserin wecken.*
Nebenwirkungen teilen Sie bitte Ihrer/-m Ärztin/Arzt mit.	*Nebenwirkungen teilen Sie bitte Ihrer Ärztin / Ihrem Arzt mit.*

Auch die Kurzformen im Singular mit Klammern haben ihre Tücken. Abgesehen von den grundsätzlichen Bedenken gegen die Klammerlösung (siehe oben) können wir Ihnen Singularformen wie *eine(n) Lehrer(in)* besonders dann nicht empfehlen, wenn die Ergebnisse mit bzw. ohne Klammer nicht zusammenpassen: Das Genus der einen nicht eingeklammerten Form (des unbestimmten Artikels *eine* = Femininum) stimmt hier nicht mit dem Genus der anderen nicht eingeklammerten Form (des Substantivs *Lehrer* = Maskulinum) überein – hier kann man also nicht beide Klammern weglassen (denn das Ergebnis wäre fälschlicherweise *eine Lehrer*). Nur durch eine Doppelnennung lässt sich dieses Problem vermeiden:

Nicht üblich	Sinnvoll
Wir suchen eine(n) Lehrer(in).	*Wir suchen eine Lehrerin oder einen Lehrer.*
	Wir suchen eine Lehrerin / einen Lehrer.

Genauso kann es beim Schrägstrich störend wirken, wenn die Varianten nicht parallel gelten, also im folgenden Beispiel die jeweiligen Varianten vor dem Schrägstrich beim Artikel *(eine)* und beim Adjektiv *(erfahrene)* nicht zu der Variante vor dem Schrägstrich beim Substantiv *(Webdesigner)* passen:

Nicht üblich	Sinnvoll
Wir suchen eine/-n erfahrene/-n Webdesigner/-in.	*Wir suchen eine erfahrene Webdesignerin / einen erfahrenen Webdesigner.*

Eine weitere Möglichkeit, zwei ausgeschriebene Singularformen zu vermeiden, besteht darin, den bestimmten Artikel abzukürzen. Das aber gelingt nur dann, wenn das Bezugswort (wie im folgenden Beispiel *des* oder *der* ***Erziehungsberechtigten***) in maskuliner und femininer Form gleich bleibt, etwa bei substantivierten Adjektiven und Partizipien (dazu mehr im Kapitel 3).

Sinnvoll	Nicht üblich
Unterschrift d. Erziehungs-berechtigten (für: *der oder des*).	*d. Lesers / Leserin* (für: *des Lesers / der Leserin*)

Wie aus den Beispielen zu Sparformen im Singular ersichtlich wurde, sind diese oft nicht unproblematisch, und es ist viel einfacher, Sparformen im Plural zu verwenden. Daher kommen verkürzte Doppelnennungen üblicherweise im Plural vor, da hier in allen Fällen Artikel, abhängige Adjektive und Pronomen die gleichen Endungen haben und daher grammatische Probleme kaum auftauchen.

Die Mitarbeiter/-innen werden gebeten, pünktlich zu erscheinen.

Lediglich in manchen Fällen kommt es zu Schwierigkeiten: Wenn die maskuline Form eine Endung *(Kolleg-**e**)* hat, die bei der Bildung der femininen Form nicht auftaucht *(Kolleg-**in**)*, wird der Plural ebenfalls anders gebildet. Daher kann man die Doppelform hier nicht so einfach verkürzen wie *Mitarbeiter/Mitarbeiterinnen*, denn sonst sähe das – wenn überhaupt – so aus:

Mitarbeiter/Mitarbeiterinnen → *Mitarbeiter/-innen*
Kollegen/Kolleginnen → *Kolleg-/-inn-/-en*

Zur Vereinfachung finden sich in der Praxis häufig Kurzformen wie *Kolleg/innen* oder sogar *Kollegen/innen*, die sowohl aus orthografischer als auch aus stilistischer Perspektive als problematisch empfunden werden können und nicht von den offiziellen Regeln abgedeckt sind.

Nicht üblich	Nicht amtlich
Kolleg-/-inn-/-en	***Kolleg/innen***
	KollegInnen
	Kolleg*innen
	Kolleg_innen

Wer diese Formen konsequent vermeiden möchte, ohne auf sprachkreative, nicht von den amtlichen Orthografieregeln gedeckte Lösungen wie *KollegInnen, Kolleg*innen* oder *Kolleg_innen* zurückzugreifen, greift dann in der Regel doch auf die ausführliche Doppelnennung zurück.

Und auch wenn die feminine Pluralform ausgehend von der maskulinen Pluralform einfach durch Anhängen von *-innen* gebildet wird *(Mitarbeiter – Mitarbeiterinnen, Lehrer – Lehrerinnen)*, kann es zu Schwierigkeiten kommen, denn hier sind zwar Kurzformen wie die *Mitarbeiter/-innen* möglich – im Dativ Plural allerdings treten die gleichen Schwierigkeiten wie eben beschrieben auf: Die Endung »n« des Maskulinums *den Mitarbeiter**n*** verschwindet *(den Mitarbeiter/-innen)* oder müsste am Ende in der femininen Flexionsendung *-innen* kenntlich gemacht werden, wie es nicht üblich ist: *(den Mitarbeiter-/-inne-/-n)*.

Was können Sie also tun? Am besten begeben Sie sich auf die Suche nach anderen Lösungen! Wählen Sie sogenannte Ersatzformen, um an den geeigneten Stellen neue Formulierungen anzubringen. Im nächsten Abschnitt zeigen wir Ihnen verschiedene Strategien, welche Möglichkeiten es gibt und wie Sie solche Ersatzformen finden können.

Werden Sie kreativ: Wenn Sie zum Beispiel aus stilistischen Gründen die Paarformel *Mitarbeiterinnen und Mitarbeiter*, aber auch Sparformen nicht zu häufig wiederholen wollen, können Sie je nach Kontext alternative Ausdrücke wie *Belegschaft* oder *Kollegium* verwenden.

3 Gendern für Fortgeschrittene

Oft ist es am sinnvollsten, ganz andere, bedeutungsgleiche oder bedeutungsähnliche Ausdrücke zu finden, statt mit den vorhandenen eine der eben erwähnten Varianten auszuprobieren. Inzwischen sind verschiedene Arten von »Ersatzformen« sehr üblich geworden; sie können helfen, Doppelnennungen und unschön aussehende Schrägstrichlösungen zu umgehen. Außerdem wird mit ihnen die Festlegung auf genau *zwei* Geschlechter vermieden, sodass sie auch dem Wunsch nach der Berücksichtigung verschiedener Geschlechtsidentitäten gerecht werden. Es gibt mehrere Möglichkeiten, nach geeigneten Alternativen zu suchen, die im Folgenden vorgestellt werden.

→ *Studierende, Verwitwete:* Substantivierte Partizipien oder Adjektive

Im Plural bietet sich häufig die Verwendung von substantivierten Partizipien und Adjektiven an, die gleichermaßen männliche wie weibliche Personen bezeichnen.

Hier gibt es drei Möglichkeiten – wählen Sie im Bedarfsfall diejenige, die zu dem Wort, das ersetzt werden soll, am besten passt:

- substantivierte Formen des **Partizips I:**

  Studierende, Lernende, Lehrende;
  die Studierenden, die Lernenden, die Lehrenden

- substantivierte Formen des **Partizips II:**

  Gewählte, Verwitwete, Abgeordnete;
  die Gewählten, die Verwitweten, die Abgeordneten

- substantivierte Formen des **Adjektivs:**

  Gesunde, Große, Ältere, Jugendliche;
  die Gesunden, die Großen, die Älteren, die Jugendlichen

In den folgenden Tabellen sehen Sie, dass substantivierte Partizipien oder Adjektive schon im Singular nach dem bestimmten Artikel für männliche und weibliche Personen die gleiche Form haben *(der/die Studierende)*. Im Plural kommt der Vorteil hinzu, dass auch der Artikel identisch ist *(die Studierenden)*.

Doppelform	**Partizip I Singular**	**Partizip I Plural**
der Student / die Studentin	*der/die Studierende*	*die Studierenden*
der Lerner / die Lernerin	*der/die Lernende*	*die Lernenden*
der Lehrer / die Lehrerin	*der/die Lehrende*	*die Lehrenden*

Doppelform	**Partizip II Singular**	**Partizip II Plural**
der Witwer / die Witwe	*der/die Verwitwete*	*die Verwitweten*
der Chef / die Chefin	*der/die Vorgesetzte*	*die Vorgesetzten*
der Arbeiter / die Arbeiterin	*der/die Beschäftigte*	*die Beschäftigten*

Doppelform	**Adjektiv Singular**	**Adjektiv Plural**
der Patient / die Patientin	*der/die Kranke*	*die Kranken*
der Verlierer / die Verliererin	*der/die Letzte*	*die Letzten*
der Schüler / die Schülerin	*der/die Jugendliche*	*die Jugendlichen*

Ab und an wird der Einwand vorgebracht, dass substantivierte Formen des Partizips I nicht als vollwertiger Ersatz für andere Formen wie »generische Maskulina« verwendet werden könnten. Denn sie hätten eine andere Implikation, beschrieben etwa nur Personen, die die entsprechende Tätigkeit in einem bestimmten Moment gerade ausführten. So sei der Ausdruck *Studierende* nur für eine Person korrekt, die tatsächlich gerade lerne. Das stimmt so natürlich nicht, wie uns viele Beispiele zeigen:

- *Vorsitzende* eines Vereins sind dies beispielsweise grundsätzlich während der gesamten Zeit, für die sie gewählt sind;
- *Hungernde* können auch zwischendurch einmal halbwegs gesättigt sein;
- *Reisende* können sich zeitweise an einer Stelle aufhalten – und *Studierende* sind eben auch Studierende, wenn sie gerade im Kino sind oder schlafen, weil sie grundsätzlich studieren.

Es macht also einen Unterschied, was genau das entsprechende Verb bedeutet, denn genauso wie ein Partizip I eine im Verlauf befindliche Tätigkeit ausdrücken kann, ist es eben auch möglich, mit diesem Partizip einen andauernden Zustand, eine inhärente Eigenschaft zu beschreiben:

Fliegende Fische, fahrendes Volk, stotternde Kinder

- *Fliegende* Fische fliegen nicht ständig,
- *fahrendes* Volk blieb immer auch zeitweise an einem Ort und ein
- *stotterndes* Kind kann auch mal nichts sagen oder einen flüssigen Satz äußern.

Das Partizip I ist genauso wie ein Adjektiv in der Lage, ein Substantiv als sein Bezugswort zu beschreiben, und kann genauso wie ein Adjektiv substantiviert werden – mit dem Ergebnis, dass zwei unterschiedliche Lesarten möglich sind: *Studierende* sind 1. Personen, die im Augenblick etwas intensiv lernen (also studieren), oder 2. Personen, die an einer Hochschule eingeschrieben sind.

→ *Staatsoberhaupt, Presse:* Sachbezeichnung

Eine andere Möglichkeit, Ersatzformen zu finden, ist es, statt der Personenbezeichnung ein Abstraktum zu verwenden:

Leiterin oder Leiter → *Leitung*
Professorin oder Professor → *Professur*

Das bietet sich tatsächlich in vielen Fällen an und kann eine sehr elegante Alternative sein, um umständliche Doppelformen zu vermeiden. Allerdings sollten Sie aufpassen, dass Ihre Texte dann nicht zu unpersönlich werden, besonders wenn Sie eine direkte Ansprache bestimmter Personen im Sinn haben.

Besser nicht	**Stattdessen mal so**
Informant	*Quelle*
Herrscher	*Staatsoberhaupt*
Journalisten	*Presse*
Kollegen	*Kollegium*

Das kann im Übrigen auch im Satzkontext funktionieren, wenn Sie etwa folgendermaßen neu formulieren:

Messebesucher links abbiegen. → *Zur Messe links abbiegen.*

Sachbezeichnungen sind oft eine sehr gute Möglichkeit, geschlechtsspezifische Ausdrücke zu vermeiden. Sie bergen aber die Gefahr, dass Texte recht unpersönlich wirken, da der Aspekt des Handelns in den Hintergrund tritt.

→ *Mensch, Person, Mitglied:* Geschlechtsneutrale Ausdrücke

Sehr gut als Ersatzformen eignen sich natürlich geschlechtsneutrale Personenbezeichnungen. In diese Kategorie gehören alle Wörter, deren grammatisches Geschlecht nicht notwendigerweise mit dem biologischen Geschlecht übereinstimmt und die automatisch beide Geschlechter bezeichnen. Solche Wörter können im Singular und im Plural verwendet werden und meinen immer sowohl weibliche als auch männliche Bezugspersonen.

- **Maskulinum:**

  der Mensch, der Fan, der Gast

- **Femininum:**

  die Person, die (z. B. Hilfs-)Kraft, die Geisel

- **Neutrum:**

  das Mitglied, das Opfer, das Gegenüber

Besser nicht	Stattdessen mal so
die Anhänger	*die Fans*
die Teilnehmer	*die Gäste*
die Helfer	*die Hilfskräfte*
mein Kontrahent	*mein Gegenüber*

Solche geschlechtsneutralen Substantive haben den großen Vorteil, dass sie nicht so unpersönlich wirken wie Sachbezeichnungen, da sie sich immer auf konkrete Personen beziehen.

→ *OB, Hiwi, Prof:* Kurzwörter

Eine noch wenig genutzte Alternative besteht in der Bildung von Kurzwörtern. Denn viele Kurzwörter haben den Vorteil, dass sie sowohl für feminine als auch für maskuline Langformen gelten, sodass sie eingesetzt werden können, um Doppelformen oder Sparschreibungen zu vermeiden. Diese Möglichkeit können Sie mit verschiedenen Arten von Kurzwörtern ausprobieren: Sie funktioniert mit Silbenkurzwörtern genauso gut wie mit Buchstabenkurzwörtern und anderen Formen. Allerdings bietet sich diese Möglichkeit nur in nicht allzu formalen Texten an, denn viele Kurzwörter sind umgangssprachlich und nicht in allen Kontexten willkommen.

Langform	Kurzwort	Art des Kurzworts
der/die Hilfswissenschaftler/-in	*der/die Hiwi*	Silbenkurzwort
der/die Professor/-in	*der/die Prof*	Kopfwort
der/die Student/-in	*der/die Studi*	Kurzwort mit i-Suffix
der/die Oberbürgermeister/-in	*der/die OB*	Buchstabenkurzwort
Schülerinnen und Schüler	*die SuS*	Buchstabenkurzwort

Die Endungen, die die ursprünglichen langen Bezeichnungen als maskuline bzw. feminine Ausdrücke gekennzeichnet haben, sind beim Kürzungsprozess, also der Kurzwortbildung, getilgt worden, sodass die Kurzform sowohl für die maskuline als auch für die feminine Langform gilt.

→ *Ihre Unterschrift:* Direkte Anrede

Eine weitere Möglichkeit der Umformulierung besteht darin, dass Sie die Adressaten und Adressatinnen Ihres Textes direkt ansprechen. Das ist in vielen formalen Kontexten eine sehr gute Lösung, wenn es unerheblich ist, ob nun eine Frau oder ein Mann angesprochen wird. Zudem ist es hier anders als häufig sonst beim Gendern: Die geschlechtergerechte Formulierung mithilfe der direkten Anrede ist oft kürzer als die mit »generischem Maskulinum«.

Besser nicht	**Stattdessen mal so**
Der Antragsteller muss das Formular unterschreiben.	*Bitte unterschreiben Sie das Formular.*
Besucher werden gebeten, ihre Taschen einzuschließen.	*Bitte schließen Sie Ihre Taschen ein.*
Unterschrift des Steuerpflichtigen:	*Ihre Unterschrift:*
Antragsteller werden benachrichtigt.	*Sie werden benachrichtigt.*

Sie können mit der direkten Anrede viele Texte im wahrsten Sinne des Wortes »ansprechender« gestalten.

→ *Ärztlicher Rat:* Umformulierungen mithilfe des Adjektivs

Verwenden Sie statt der maskulinen oder femininen Form ein Adjektiv. Besonders wenn die maskulinen Formen in der Funktion eines Attributs auftauchen (*Rat **des Arztes***), ist das Ersetzen durch ein Adjektiv oft nicht schwer – außerdem kann auch ein Partizip (wie *herausgegeben* und *verfasst*) in adjektivischer Funktion stehen.

Wie die folgende Tabelle zeigt, kann das eine kreative Lösung sein. Sie funktioniert allerdings in vielen Fällen nicht, sodass Sie Fantasie aufbringen müssen, um passende Ersatzformulierungen zu finden. Es gibt hierfür wieder mal keine Patentlösungen, denn in der Regel werden Sie Umformulierungen je nach Gegebenheit und Textsorte vornehmen. Es hängt also stark vom Kontext ab, welche Art des gendergerechten Formulierens jeweils am besten passt.

Besser nicht	**Stattdessen mal so**
Rat des Arztes	*ärztlicher Rat*
Arztgeheimnis	*ärztliche Schweigepflicht*
Rat eines Fachmanns	*fachkundiger Rat*
Hilfe eines Fachmanns	*fachliche Hilfe*
Fragen Sie Ihren Arzt oder Apotheker.	*Holen Sie sich ärztlichen oder pharmazeutischen Rat.*
Kritiker	*kritische Stimmen*
Nachwuchswissenschaftler	*wissenschaftlicher Nachwuchs*
Herausgeber	*herausgegeben von*
Verfasser	*verfasst von*

→ *Es sollte beachtet werden / Wir sollten beachten:* Umschreibungen mit dem Passiv oder mit *wir*

Gelegentlich kann es sich anbieten, das Passiv und unpersönliche Konstruktionen oder das allumfassende *wir* zu nutzen – allerdings muss klar sein, an wen sich die Äußerung richtet, da sich das Subjekt ja ändert:

Besser nicht	Stattdessen mal so
Mitarbeiter müssen Folgendes beachten.	*Es muss Folgendes beachtet werden.* *Man muss Folgendes beachten.* *Wir müssen Folgendes beachten.*

!

man/frau

Der Gebrauch des unbestimmten Pronomens *man* wird wegen seiner etymologischen Nähe zum Substantiv *Mann* und der lautlichen Übereinstimmung mit diesem Wort gelegentlich als unangemessen kritisiert. Die vor Jahren entsprechend neu gebildete Alternative *frau* ist jedoch auch nicht geschlechtsneutral, sondern wird im Allgemeinen nur (und oft scherzhaft) im Sinne von »die Frauen« verwendet.

Als Ersatz für beide Formen bieten sich ebenfalls das Passiv und *wir* an:

Besser nicht	Stattdessen mal so
Man sollte …	*Es sollte …* *Wir sollten …*

→ *Alle, die …:* Bildung von Relativsätzen

Eine ganz andere Lösung liegt in der Bildung von Relativsätzen. Diese benötigen zwar mehr Platz, können aber auflockernd wirken und bieten sich als stilistische Abwechslung an.

Besser nicht	Stattdessen mal so
Alle Teilnehmer …	*Alle, die teilnahmen …*
Antragsteller …	*Personen, die einen Antrag stellen …*
Akademiker …	*Wer studiert hat …*
Die Autoren …	*Die(jenigen), die das Buch geschrieben haben …*

Im Sinne des geschlechtergerechten Sprachgebrauchs funktioniert das natürlich nur, wenn Sie bei der Wiederaufnahme nicht doch ein maskulines Pronomen verwenden – aber das ist bei Relativsätzen auch gar nicht nötig. Wenn also das (geschlechtsneutrale) Relativpronomen ***wer*** den Relativsatz einleitet, kann der übergeordnete Satz ohne Pronomen beginnen.

Vermeidung des Pronomens *der*

Wenn Sie zum Beispiel einen Satz wie *Mörder werden bestraft* umformulieren möchten, sollten Sie **nicht** neu formulieren: *Wer einen Mord begeht,* ***der*** *wird bestraft,* sondern gleich ohne Pronomen:

Besser nicht	Stattdessen mal so
Mörder werden bestraft.	*Wer einen Mord begeht, wird bestraft.*

Abschließend lässt sich sagen, dass bei einzelnen Formulierungen oft Umformulierungen das beste Mittel sind, einen Text geschlechtergerecht zu gestalten; allerdings verlangen sie auch die größte Kreativität. Wie Sie in den vorangegangenen Abschnitten sehen konnten, können Sie frei entscheiden, in welcher Weise Sie umformulieren möchten – ob durch schlichte Ersetzung mit neutralen Ausdrücken oder mit neuen Satzstrukturen.

Hier noch ein paar Beispiele, damit Sie sehen, welche Möglichkeiten sich nicht nur theoretisch, sondern auch im konkreten Einzelfall bieten:

Besser nicht	**Stattdessen mal so**
Wir suchen Mitarbeiter mit Erfahrung.	*Wir suchen Mitarbeiterinnen oder Mitarbeiter mit Erfahrung.* *Wir suchen kreative Köpfe mit Erfahrung.* *Ihre Erfahrung ist das, was wir suchen.* *Wer Erfahrung hat, meldet sich bitte bei uns.* *Wenn Sie Erfahrung haben, melden Sie sich bitte bei uns.* *Sie haben Erfahrung? Melden Sie sich!* *Erfahrung ist Voraussetzung für die Stelle.*

Besser nicht	**Stattdessen mal so**
Der Antragsteller muss das Formular unterschreiben.	*Der Antragsteller / Die Antragstellerin muss das Formular unterschreiben.* *Der/Die Antragsteller/-in muss das Formular unterschreiben.* *Wenn Sie den Antrag stellen, müssen Sie das Formular unterschreiben.* *Wer den Antrag stellt, muss das Formular unterschreiben.* *Bitte unterschreiben Sie das Formular.* *Das Formular muss unterschrieben werden.* *Das Formular ist zu unterschreiben.*

Besser nicht	**Stattdessen mal so**
Nutzer müssen beachten, dass ...	*Es muss beachtet werden, dass ...* *Es ist zu beachten, dass ...* *Wir sollten beachten ...* *Wenn wir x nutzen, sollten wir beachten ...* *Wer diese Einrichtung nutzt, muss beachten, dass ...* *Die Nutzung dieser Einrichtung erfordert ...* *Bei Nutzung dieser Einrichtung ist zu beachten, dass ...* *Die Beachtung von ... ist wichtig.*

→ Geschlechtergerechte Stellenausschreibungen

Neutrale, nicht an ein Geschlecht gebundene Stellenausschreibungen lassen sich auf verschiedene Arten gestalten. Vor allem bei englischen Berufsbezeichnungen, bei denen im Deutschen oft keine feminine Form zur Verfügung steht, wird häufig eine **sexusbezogene Klammer** hinzugefügt: Ursprünglich stand dann *(m/w)* für ›männlich/weiblich‹ oder *(m/f)* für die englische Entsprechung ›male/female‹; inzwischen wird sehr häufig eine dreigliedrige Angabe gemacht: ***(m/w/d)*** für ›männlich/weiblich/divers‹, ***(m/w/i)*** für ›männlich/weiblich/inter‹ oder schlicht ***(m/w/x)*** für alle denkbaren Varianten.

Damit soll zum Ausdruck gebracht werden, dass die Stellenbezeichnung nur die Funktion ausdrücken soll und dass die Stelle für alle Personen unabhängig vom Geschlecht ausgeschrieben ist – und damit der vom Bundesverfassungsgericht geforderten dritten Option ein Name gegeben wird. Besonders häufig findet sich diese Klammer nach Fremdwörtern wie *Consultant, Leader* oder *Specialist,* weil es hier ohnehin schwierig ist, Berufsbezeichnungen explizit maskulin und feminin zu formulieren.

> *Senior Consultant (m/w/d) Risikomanagement gesucht*

Sie können kann aber auch anders verfahren, zum Beispiel mit den **Alternativen**, die wir bisher beschrieben haben:

> *Zum 1. Oktober 2019 ist die Stelle einer Abteilungsleiterin / eines Abteilungsleiters neu zu besetzen. Ihr/Sein Organisations- und Verkaufstalent ...*
> *Referent/-in zum 1. Oktober 2019 gesucht, der/die ...*

Hier ist besonders auf die formale Abstimmung der zusammengehörenden Teile zu achten, denn auch bei der Sparschreibung muss noch alles »passen«. Nicht korrekt wegen der fehlenden Übereinstimmung zwischen *einen* und *Redakteurin* wäre zum Beispiel: *Wir suchen zum nächstmöglichen Termin einen Redakteur(in).* Ebenfalls nicht unproblematisch: *Wir suchen zum nächstmöglichen Termin eine(n) Redakteur(in),* weil die Formen nicht übereinstimmen, wenn die Klammern weggelassen werden *(*eine Redakteur).*

Außerdem können Sie natürlich gut neutral formulieren:

> *Praktikum zu vergeben ab 1. Oktober 2019*

4 Die jeweilige Dringlichkeit des Genderns

Oft stellt sich die Frage, wie wichtig das Gendern in einem konkreten Fall ist, um richtig verstanden zu werden. So macht es einen großen Unterschied, ob die aktuelle Kommunikation in einer mündlich-dialogischen Situation stattfindet oder schriftlich-monologisch und ob zwischen den Kommunizierenden örtliche und persönliche Nähe oder Distanz vorliegt. Auch ist innerhalb eines Textes oder auch eines Satzes nicht jeder Ausdruck in gleicher Weise wichtig für geschlechtergerechte Sprache. Es gibt Stellen, die besonders auffällig sind (z. B. weil sie eine Person neu in den Text einführen oder bekannte Personen bezeichnen), und Stellen, die hier weniger hervorstechen (z. B. weil die Person gar nicht im Mittelpunkt steht). Kurz: Es gibt **verschiedene Grade der Dringlichkeit des Genderns,** über die wir in diesem Kapitel sprechen wollen. Veranschaulichen können wir uns dies auf einer vorgestellten »Skala der Genderrelevanz«:

Höchste Genderrelevanz	←	**Hohe Genderrelevanz**	←	**Mäßige Genderrelevanz**
Sprachliche Form 1	←	Sprachliche Form 2	←	Sprachliche Form 3

Besonders bei Zweifelsfällen in der Anwendung geschlechtergerechter Sprache ist die Vorstellung von einer Skala der Genderrelevanz ein Hilfsmittel, um zu einer guten eigenen Entscheidung zu kommen. Sie gibt Hinweise zur Beantwortung der Frage: Soll ich oder soll ich nicht, und wenn ja, wie?

Wir beschränken uns im Folgenden auf schriftliche Texte. Beispiele für solche Texte sind etwa ein amtliches Schreiben an Einzelpersonen, ein Rundschreiben an Mitglieder einer Organisation, Tipps für Verbraucherinnen und Verbraucher in einer Zeitschrift oder auch online, Hinweiszettel an einer Pinnwand in einem Café usw.

Die erste Frage, die wir uns stellen müssen, ist: Sprechen wir eine Person bzw. eine Gruppe von Personen direkt an oder sprechen wir über sie?

Bei der **direkten Anrede** ist die gendergerechte Verwendung von Berufs- und Statusbezeichnungen sowie Titeln von höchster Wichtigkeit, denn jede Person hat das Recht, korrekt angesprochen zu werden. Die sprachlichen Möglichkeiten und geeigneten Formen haben wir vorne schon besprochen (siehe Seite 22 f.).

Wenn wir **über Personen sprechen,** kommen folgende Fragen ins Spiel:

- Wie genau kennen wir die Person(en), über die wir sprechen?
- In welcher grammatischen Funktion erscheint unsere Personenbezeichnung im Satz?

Beide Aspekte gehen wir im Folgenden in Bezug auf ihre Genderrelevanz an.

→ Bekannt oder nicht? – Spezifischer und nichtspezifischer Bezug

Hier geht es um die Art der Bezugnahme (= Referenz) auf die außersprachliche Welt.

Spezifischer Bezug

Wenn wir eine konkrete Person oder Personengruppe meinen, dann sprechen wir von **spezifischer Referenz.** Da wir wissen, von wem wir sprechen, ist in diesem Fall geschlechtergerechte Sprache ein absolutes Muss. Betrachten wir zunächst folgende Beispiele:

> ***Susanne / unsere Dozentin*** *ist in die Stadt gegangen.*
>
> ***Susanne / unsere Dozentin*** *und* ***ihre*** *beiden Hilfskräfte sind in die Stadt gegangen.*
>
> ***Ich*** *will morgen in die Stadt gehen.*
>
> ***Der Postbote*** *ist heute eine Stunde später gekommen.*

Die Personen in diesen Beispielen sind nicht nur spezifisch, sondern auch allen an der Kommunikation Beteiligten bekannt. Dies wird durch Eigennamen, Pronomen (*ihre, ich*) und den bestimmten Artikel sprachlich zum Ausdruck gebracht; daher sprechen wir von spezifischer Referenz.

Übrigens referieren alle Formen der ersten und zweiten Person (*ich, du* usw.) immer spezifisch: Es geht immer um diejenigen Personen, die direkt an der aktuellen Kommunikation teilnehmen. Diese Formen haben außerdem den Vorteil, dass sie geschlechtsneutral sind, also sowohl in Bezug auf männliche wie auf weibliche Personen stehen können.

Der Bezug auf die jeweilige kommunikative Rolle / Dialogrolle – also die Verwendung von *ich, du, wir, ihr, Sie* usw. – neutralisiert die Unterscheidung nach Genderkategorien. In vielen kommunikativen Situationen ist dies ein großer Vorteil (vgl. S. 15).

Nichtspezifischer Bezug

Im Gegensatz zur spezifischen Referenz gibt es Fälle ohne klaren Bezug zu bestimmten (spezifischen) Objekten. Das nennen wir **nichtspezifische Referenz.**
Im Satz

> *Egal, wo ich bin: jeden Tag läuft mir* ***ein Postbote*** *über den Weg.*

handelt es sich beim Referenzobjekt des Ausdrucks *ein Postbote* nicht um eine spezifische Person, sondern um eine unbekannte Person oder – wahrscheinlicher – um verschiedene unbekannte Personen. Ähnlich auch in folgendem Satz:

> *Im Sommer sitzen* ***Leute*** *auf der Terrasse des Ratskellers.*

Der Ausdruck *Leute* verweist hier nicht auf spezifische Personen, sondern auf eine nicht spezifizierte Menge.

Auch nichtspezifisch, aber noch abstrakter ist der Bezug auf eine Klasse oder Gattung, die **klassenbezogene Referenz.** Beispiele hierfür sind:

> ***Katzen*** *fressen Mäuse.*
>
> ***Hochbegabte*** *sind sensibel.*

Was tun?

Gendergerechtigkeit ist bei **spezifischer Referenz** absolut notwendig. Aussagen werden **falsch**, wenn die Referenzobjekte nicht gendergerecht benannt werden.
Wenn ich über eine weibliche Person, die *Susanne* heißt und unser Seminar leitet, spreche (= spezifische Referenz) und auf diese mit einem der beiden Sätze auf der folgenden Seite Bezug nehme, dann ist dies eine falsche bzw. bedeutungsmäßig widersprüchliche Aussage (markiert durch Sternchen):

**Unser Dozent ist in die Stadt gegangen.*
**Susanne, unser Dozent, ist in die Stadt gegangen.*

Spezifische Referenz erfordert korrekte Genderzuweisung:

***Unsere Dozentin** ist in die Stadt gegangen.*
***Susanne, unsere Dozentin,** ist in die Stadt gegangen.*

Die Beachtung gendergerechter Sprache ist in diesen Fällen also eine Frage der sachlichen Richtigkeit der Aussage und damit eindeutig keine rein stilistische oder irgendwie fakultative Operation. Genderkorrekte Referenz ist eine kommunikative Notwendigkeit.

Wenn ich auf konkrete, bekannte Individuen Bezug nehme, **muss** ich den passenden gendergerechten Ausdruck verwenden. Wenn unterschiedliche weibliche und männliche Formen zur Verfügung stehen, muss ich die passende auswählen. Alles andere führt zu falschen Aussagen.

Diese Regel gilt insbesondere, wenn die fragliche Personenbezeichnung als Subjekt des Satzes erscheint, vgl. Seite 54 ff.

Wie sieht es diesbezüglich bei der **nichtspezifischen Referenz** aus? Dazu zunächst zwei Beispiele:

Beispiel 1:
*In Amsterdam springen **Touristen** nachts oft in die Grachten.*

Beispiel 2:
Textauszug aus dem Artikel »Jedes einzelne gerettete Huhn zählt« von Jördis Früchtenicht [sic], taz 12./13. Nov. 2016:
Der Verein »Rettet das Huhn« vermittelt seit 2009 Legehennen aus der Landwirtschaft an Privatpersonen. So entgehen die Tiere der Schlachtung. [...]
*Frau Laab, Ihr Verein »Rettet das Huhn« holt **von Landwirten** Legehennen ab, die sonst mit etwa anderthalb Jahren geschlachtet würden. Stattdessen werden sie an Privatleute vermittelt. So konnten Sie schon über 40.000 Hühner retten.*

In beiden Beispielen beziehen sich die hervorgehobenen Ausdrücke – *Touristen* und *(von) Landwirten* – nichtspezifisch auf Gruppen von Personen, die in bestimmten außersprachlichen Situationen auftreten.

Wie Sie sehen, wird hier ausschließlich die maskuline Form verwendet, die traditionell als das »generische Maskulinum« deklariert wird. Beispiele wie diese sind – soweit wir bei unseren Analysen sehen konnten – der Hauptanwendungsbereich dieser alten Gebrauchsnorm.

Und entsprechend scheiden sich hier die Geister, was das richtige Gendern betrifft. Die Befürworter des »generischen Maskulinums« behaupten, diese Formen seien in ihrer Bedeutung geschlechtsneutral und könnten daher auf Männer wie Frauen referieren. Wie wir schon vorne (siehe Seite 16–18) erläutert haben, sind diese Verwendungsweisen jedoch nicht eindeutig. Es ist nicht ersichtlich, ob Frauen »mitgemeint« oder ausgeschlossen sind. Das Einzige, was wir anhand dieser Formen wissen können, ist, dass Männer in jedem Fall gemeint sind. Dies können wir durch die Unsinnigkeit von Weiterführungen zu Beispiel 1 wie den folgenden sehen:

- Nicht korrekte Weiterführungen zu Beispiel 1:

  In Amsterdam springen **Touristen nachts oft in die Grachten. **Diese Frauen** sind im Allgemeinen schwer alkoholisiert.*

  In Amsterdam springen **Touristen nachts oft in die Grachten. **Die im Allgemeinen schwer alkoholisierten Frauen** machen sich damit strafbar.*

Möglich sind hingegen Weiterführungen mit spezifisch männlichen Ausdrücken:

- Korrekte Weiterführungen:

  *In Amsterdam springen **Touristen** nachts oft in die Grachten. **Diese Männer** sind im Allgemeinen schwer alkoholisiert.*

  *In Amsterdam springen **Touristen** nachts oft in die Grachten. **Die im Allgemeinen schwer alkoholisierten Männer** machen sich damit strafbar.*

Bei der folgenden Weiterführung durch *diese Frauen und Männer* wird deutlich, dass der Ausdruck *Touristen* im Sinne der traditionellen Praxis als »generisches Maskulinum« gemeint ist. Dies – also die Absicht, Männer und Frauen gleichermaßen zu benennen – wird jedoch erst im Nachhinein, durch den Folgeausdruck, erkennbar, wenn der eben beide gemeinten Gruppen explizit benennt.

- Traditionell möglich:

  In Amsterdam springen ***Touristen*** *nachts oft in die Grachten.* ***Diese Frauen und Männer*** *sind im Allgemeinen schwer alkoholisiert.*

  In Amsterdam springen ***Touristen*** *nachts oft in die Grachten.* ***Die im Allgemeinen schwer alkoholisierten Frauen und Männer*** *machen sich damit strafbar.*

Ähnlich sieht es mit unserem zweiten Beispiel aus. Verschiedene Arten der Weiterführung bzw. Wiederaufnahme verdeutlichen auch hier die zweideutige und damit unklare Referenz der Form *von Landwirten:*

- Unklare Referenz – die Weiterführung führt zu falschen Bezügen (markiert durch das hochgestellte Fragezeichen):

  ?*Frau Laab, Ihr Verein »Rettet das Huhn« holt* ***von Landwirten*** *Legehennen ab.* ***Die Bäuerinnen*** *würden die Tiere nach anderthalb Jahren schlachten.*

Bei einer solchen Weiterführung ist die dominante Lesart eine, die dem Ausdruck *die Bäuerinnen* eine andere Gruppe von gemeinten Bezugspersonen als dem Ausdruck *die Landwirte* zuweist.

Anders ist es im folgenden Fall, bei dem auch in der Weiterführung unklar bleibt, ob Landwirtinnen und Bäuerinnen mitgemeint sein sollen oder nicht.

- Unklarer Bezug bleibt bei Weiterführung erhalten:

  Frau Laab, Ihr Verein »Rettet das Huhn« holt ***von Landwirten*** *Legehennen ab.* ***Die Bauern*** *würden die Tiere nach anderthalb Jahren schlachten.*

Kurz: Bei nichtspezifischer Referenz auf Gruppen von Personen erzeugt die ausschließliche Verwendung des Maskulinums entweder mehrdeutige oder dunkle, undurchsichtige Bezüge. Hier wird das kommunikative Grundprinzip, das Klarheit und Eindeutigkeit im Ausdruck fordert, massiv verletzt. Solche sprachlichen Unklarheiten können leicht vermieden werden (vgl. die vorherigen Kapitel). Eine gute Möglichkeit für unser letztes Beispiel wäre es, statt der Personen die betreffenden Betriebe zu benennen und damit die Technik der Neutralisierung anzuwenden:

- Vermeidung der Genderfrage durch **Neutralisierung:**

  Frau Laab, Ihr Verein »Rettet das Huhn« holt ***von landwirtschaftlichen Betrieben*** *Legehennen ab, die sonst mit etwa anderthalb Jahren geschlachtet würden.*

Diese Lösung hat den zusätzlichen Vorteil, dass nicht mehr die Personen (um die es ja gar nicht geht) fokussiert werden, sondern dass das eigentliche Thema, die schlechte Gesamtsituation in der kommerziellen Legehennenhaltung, in den Vordergrund rückt.

Verwenden Sie gendergerechte Formulierungen auch und gerade bei nichtspezifischer Referenz auf Gruppen. Ihre Aussage wird dadurch klarer. Ihr Text wird dadurch besser und überzeugender.

Wenn eine bestimmte **Kategorie** von Personen (Tieren oder Gegenständen) als solche gemeint ist, liegt – wie schon erwähnt – ein Sonderfall der nichtspezifischen Bezugnahme vor, nämlich **klassenbezogene Referenz** (vgl. S. 49). Dieser Fall ist typisch für Definitionen und allgemeine Aussagen. Oft erscheint hier das sogenannte »generische Maskulinum« im Singular ebenso wie im Plural. Beispiele sind:

Der Bürger *in einer Demokratie hat das Recht auf freie Meinungsäußerung.*
Die Bürger *in einer Demokratie haben das Recht auf freie Meinungsäußerung.*

Asiaten *haben eine Intoleranz für Milcheiweiß.*
Der Asiate *hat eine Intoleranz für Milcheiweiß.*

Wenn auch traditionell üblich und immer noch häufig anzutreffen, so ist die ausschließliche Verwendung maskuliner Formen auch in diesen Beispielen stilistisch antiquiert (vom potenziellen Rassismus im zweiten Beispielpaar einmal abgesehen, vgl. die Beispielanalysen im siebten Kapitel). Es wird ein mentales Bild erzeugt, das eine männliche Person zum Stereotyp hat. Das heißt, das alte, für Frauen nachteilige Prinzip (»male as norm«) wird hier unnötigerweise reproduziert. Besser wäre:

Menschen *in einer Demokratie haben das Recht auf freie Meinungsäußerung.*

Menschen mit asiatischen Wurzeln *haben eine Intoleranz für Milcheiweiß.*

Wir können festhalten: Die **Skala der Genderrelevanz** bezogen auf den Referenztyp sieht wie folgt aus (R = Referenz):

Höchste Genderrelevanz	←	**Hohe Genderrelevanz**	←	**Mäßige Genderrelevanz**
Spezifische Referenz	←	Nichtspezifische R.	←	Klassenbezogene R.

Auch beim nichtspezifischen Bezug sollten Sie also versuchen zu gendern; ein paar Beispiele:

Besser nicht	**Stattdessen mal so**
Katholiken gibt es schon lange.	*Menschen katholischen Glaubens gibt es schon lange.*
Leser gibt es angeblich immer seltener.	*Menschen, die lesen, gibt es angeblich immer seltener.*
Manager sind unbeliebt.	*Führungskräfte sind unbeliebt.*
Studenten sind fleißiger als gedacht.	*Studierende sind fleißiger als gedacht.*
Urlauber stellen ein Klimaproblem dar.	*Reisende stellen ein Klimaproblem dar.*
Wähler werden von den Parteien umworben.	*Wahlberechtigte werden von den Parteien umworben.*

→ *Sie ist Lehrerin:* Gendern im Satz

Ein weiterer wichtiger Faktor der Genderrelevanz ist die Funktion, die eine Personenbezeichnung im Satz einnimmt. Der Sinn von Äußerungen entsteht nicht durch isolierte Ausdrücke, sondern ganzheitlich durch ihre jeweilige Verbindung in Sätzen. Die verschiedenen Satzglieder haben unterschiedliche Funktionen im Satz (= syntaktische Funktion) und damit unterschiedliche Relevanz beim Gendern. Anders formuliert: Nicht jede syntaktische Funktion ist in gleichem Ausmaß für gendergerechte Sprache wichtig.

Besonders wichtig ist die Unterscheidung zwischen **Subjekten** und **Prädikativen**. Prädikative benennen eine Eigenschaft oder Funktion des Subjekts: *Sie* [= Subjekt] *ist Lehrerin* [= Prädikativ]. Subjekte und Prädikative haben eine unterschiedliche Wichtigkeit fürs Gendern – wir erklären gleich, warum.

Höchste Genderrelevanz	←	**Hohe Genderrelevanz**
Subjekt	←	Prädikativ

Diese Skala bringt zum Ausdruck, dass für eine Personenbezeichnung in Subjektposition das korrekte Gendern absolut unverzichtbar ist, während dies für die Funktion des Prädikativs von **etwas** geringerer Relevanz ist.

Der Grund dafür ist, dass über das Subjekt normalerweise der Bezug zur außersprachlichen Welt hergestellt wird. Bei anderen Satzgliedfunktionen – Prädikativen und Objekten – ist dies nicht im gleichen Umfang der Fall. Daher ist korrektes Gendern bei Subjekten absolut notwendig; das haben wir schon im letzten Abschnitt bei den Beispielen zur spezifischen Referenz gesehen. In Subjektposition verweisen maskuline Bezeichnungen auf Männer und feminine Bezeichnungen auf Frauen:

> ***Unser Dozent*** *bringt die korrigierten Klausuren mit.*
> ***Unsere Dozentin*** *bringt die korrigierten Klausuren mit.*

Wenn in Subjektposition mehrere Personen mit unterschiedlichem Geschlecht gemeint sind, sind diese auch entsprechend zu benennen. Dazu stehen Doppelformen, Neutralisierungen und andere Mittel zur Verfügung (vgl. die Auswahl an Möglichkeiten in den vorangegangenen Kapiteln):

> ***Unsere Dozentinnen und Dozenten / Unsere Lehrenden / Unsere Lehrkräfte / …*** *bringen die korrigierten Klausuren mit.*

Etwas anders liegt der Fall bei **Prädikativen** (*Louisa wird* ***unsere neue Abteilungsleiterin;*** *sie ist sicher* ***eine gute Chefin***). Prädikative sind Satzglieder, die – wie schon der Name sagt – etwas über das Satzsubjekt aussagen. Sie erfüllen zusammen mit dem Verb (eines der Verben *sein*, *werden* oder *bleiben*) die Funktion des Prädikats. Wichtig für uns sind hier nur substantivische Personenbezeichnungen (*Sie ist* ***Lehrerin/ eine gute Chefin***). Wir stellen zunächst die grammatischen Prinzipien dar, im letzten Kapitel werden in Beispielanalysen Details der Anwendung besprochen.

Sätze mit prädikativen Personenbezeichnungen haben folgendes Schema:

Subjekt	**Verb** (*sein*, *bleiben*, *werden*)	**Prädikative Personenbezeichnung**
Bezug zur außersprachlichen Welt – existierende Person(en)	Aussage über das Subjekt: Prädikat	
Sie	*ist/wird/bleibt*	*Lehrerin*

Üblicherweise stimmt im Deutschen das Prädikativ inhaltlich mit dem Subjekt überein (vgl. semantisches Geschlecht, Seite 12 f.). Die Regel hierfür lautet also:

Wenn das Subjekt eine weibliche Person bezeichnet, steht als Prädikativ eine weibliche Personenbezeichnung; wenn das Subjekt eine männliche Person bezeichnet, steht als Prädikativ eine männliche Personenbezeichnung.

Die folgenden Tabellen illustrieren diese Regel:

Semantische Kongruenz zwischen Subjekt und Prädikativ

Subjekt weibliche Personenbezeichnung	**Verb**	**Prädikativ** weibliche Personenbezeichnung
Unsere Dozentin	*ist*	*eine hervorragende Rednerin.*
Unsere Chefin	*ist*	*eine geschickte Vermittlerin.*
Herta Schulz	*ist*	*Ärztin.*
Sie	*ist*	*Tischlerin.*

Subjekt männliche Personenbezeichnung	**Verb**	**Prädikativ** männliche Personenbezeichnung
Unser Dozent	*ist*	*ein hervorragender Redner.*
Unser Chef	*ist*	*ein geschickter Vermittler.*
Walter Müller	*ist*	*Arzt.*
Er	*ist*	*Tischler.*

KEINE semantische Kongruenz zwischen Subjekt und Prädikativ

Da das Prädikativ nicht selbst auf etwas Außersprachliches Bezug nimmt, sondern etwas über das Subjekt aussagt, ist es beim Prädikativ im Prinzip möglich, auf semantische Übereinstimmung zu verzichten. So **kann** ein männlicher Personenausdruck verwendet werden, wenn das Subjekt auf eine weibliche Person referiert, wie folgende Tabelle zeigt:

Subjekt weibliche Personenbezeichnung	**Verb**	**Prädikativ** männliche Personenbezeichnung
Unsere Dozentin	*ist*	*ein hervorragender Redner.*
Unsere Chefin	*ist*	*ein geschickter Vermittler.*
Herta Schulz	*ist*	*Arzt.*
Sie	*ist*	*Tischler.*

Dieses Vorgehen gilt inzwischen als veraltet. Sehr viele Menschen verwahren sich gegen diese Art des Sprachgebrauchs. Wir betonen ausdrücklich, dass wir diese Praxis NICHT empfehlen!

Daher unser Tipp:

Sorgen Sie immer für semantische Übereinstimmung zwischen Subjekt und Prädikativ.

Wenn der Subjektausdruck eine **gemischte Gruppe** bezeichnet, gibt es mehrere Möglichkeiten für das Prädikativ.

Die deutlichste Lösung ist die **Beidnennung:**

> ***Unsere Dozentinnen und Dozenten*** *sind geschickte* ***Rednerinnen und Redner.***

Auch **Umformulierungen** sind hier oft eine gute Lösung:

> ***Unsere Dozentinnen und Dozenten*** *sind* ***rhetorisch geschickt / können gut reden.***

Nicht selten anzutreffen ist die Verwendung von **maskulinen Personenbezeichnungen im Plural** als Prädikativ:

> ***Unsere Dozentinnen und Dozenten*** *sind* ***geschickte Redner.***

Wir empfehlen dies nicht, doch ist bei den Pluralformen die Verletzung des Prinzips der Gendergerechtigkeit weniger gravierend als im Singular (vgl. die Negativbeispiele oben). Als generelle Regel gilt:

> Prädikative Personenbezeichnungen erfüllen ihre Funktion besser, wenn sie **semantisch** mit dem Subjekt übereinstimmen.

Bei »gemischten« Subjektausdrücken ergeben sich gelegentlich schwer lösbare Zweifelsfälle. Dies ist insbesondere dann der Fall, wenn im Subjekt eine männliche und eine weibliche Person (im Singular) benannt sind. Wie würden Sie sich zum Beispiel in folgendem Fall entscheiden?

> *Herta Schulz und Walter Müller sind ... ?Arzt / Ärzte / Ärztin und Arzt*

Die geschickteste Lösung besteht hier unserer Ansicht nach darin, die prädikative Funktion (»ärztlich tätig sein«) zu stärken, indem man eher verbal formuliert, also zum Beispiel (vgl. auch S. 81):

> *Herta Schulz und Walter Müller üben den Arztberuf aus / sind beide im Arztberuf tätig.*

Wir haben hier das Subjekt und das Prädikativ in ihrer Genderrelevanz betrachtet. Während beim Subjekt sachverhaltsangemessenes Gendern absolut notwendig ist, besteht beim Prädikativ teilweise ein Spielraum. Zu anderen Satzgliedern, insbesondere zum indirekten Objekt (Dativobjekt) und zum direkten Objekt (Akkusativobjekt), möchten wir hier, ohne ins Detail zu gehen, vorschlagen, sie wie Subjekte zu behandeln und die Regeln des richtigen Genderns auch hier einzuhalten:

- indirektes Objekt / Dativobjekt:

  *Dieser Kurs vermittelt **den Ärztinnen und Ärzten** unserer Klinik Kenntnisse in Gesprächsführung.*

- direktes Objekt / Akkusativobjekt:

  *Diese Software unterstützt **die Ärztinnen und Ärzte** unserer Klinik bei ihrem Zeitmanagement.*

5 Knifflige Fälle: Zusammengesetzte Wörter

Einer der schwierigsten Bereiche des Genderns betrifft **feste Wortformen**, also Wortbildungen, die schon lange eingeführt sind und deren Stamm bzw. Erstglied formgleich mit einem »generischen Maskulinum« ist wie ***Ärzte****schaft* oder ***Bürger****steig* oder ***künstler****isch*. Sollen auch sie gendergerecht umformuliert werden?

Viele dieser Formen sind historisch gewachsen und als solche in den Wörterbüchern verbucht. Nicht immer sind in diesen Fällen Wortbildungen mit femininen Stämmen möglich, nicht immer sind sie sinnvoll. Hierzu zählen besonders Adjektive und auch Verben:

> *freund-lich, künstler-isch, jurist-isch*
> *schriftsteller-n*

An einigen Stellen jedoch sind Alternativen wünschenswert und wichtig (auch weil sich sonst zum Beispiel Stereotype weiter verfestigen können). So kann ein Ausdruck wie *Wählerverzeichnis* sehr leicht durch *Wahlverzeichnis* ersetzt werden.

Wir differenzieren daher im Folgenden danach, ob Ableitungen und Zusammensetzungen auf einer (variablen) Skala sich eher auf Abstrakta und Dinge beziehen (wie *Bürgersteig*) oder auf Gruppen von Personen (wie *Ärzteschaft*). Je nachdem, wie stark der Bezug auf reale Personen ist, ist das Gendern der Formulierungen geboten oder nicht so wichtig bzw. gar nicht sinnvoll (etwa bei *freundlich*).

Auch hier können wir als Hilfsmittel zur Entscheidung unsere Skala der Genderrelevanz anlegen. Für zusammengesetzte Wörter sieht sie wie folgt aus:

Höchste Genderrelevanz	←	**Hohe Genderrelevanz**	←	**Mäßige Genderrelevanz**
Stärkerer Personenbezug	←	Indirekter Personenbezug	←	Sachbezug

→ *Bürgersteig* und *Jägerzaun:* Konkreter Sachbezug

Bei Zusammensetzungen, die sich nicht auf Personen, sondern auf Dinge/Gegenstände beziehen, werden die Personenbezeichnungen als erste Teile der Zusammensetzungen häufig nicht gegendert. Oft finden wir hier auch Fachtermini.

Bürgersteig, Lehrerzimmer, Maurerkelle, Fleischermesser

Es spricht natürlich nichts gegen das Gendern, solange Sie ansprechende Lösungen finden:

Üblich	**Nicht sinnvoll**	**Alternativ**
Bürgersteig	*Bürgerinnensteig*	***Gehweg***

Insgesamt aber gilt: Wenn **Gegenstände** bezeichnet werden, ist die Verwendung von Doppelnennungen nicht unbedingt relevant bzw. kann den unerwünschten Effekt haben, die Aufmerksamkeit auf das modifizierende Element anstatt auf den Kern der Wortbildung zu lenken. Daher **nicht:**

**Bürger- und Bürgerinnensteig*
**Jäger- und Jägerinnenzaun*
**Fleischer- und Fleischerinnenmesser*
**Arzt- und Ärztinnenkoffer*

→ *Lehrerzimmer* und *Kanzleramt:* Indirekter Personenbezug

Anders und daher aus dem Genderblickwinkel problematischer wird es bei den Ableitungen (etwa mit *-schaft* oder *-tum*) und Zusammensetzungen, die zwar Dinge bezeichnen, sich aber (auch) auf weibliche Personen beziehen:

Präsidentschaft, Lehrerschaft, Königtum
Kanzleramt, Lehrerzimmer

Bei solchen Formen kann es durchaus sinnvoll sein, sie auch mit femininem Stamm zu bilden, und zwar besonders, wenn sie sich konkret auf weibliche Personen beziehen:

Lehrerinnenschaft, Königinnentum

In diesem Zusammenhang war etwa die Bildung *Kanzlerinnenamt* (sowohl in Bezug auf das Gebäude als auch in Bezug auf die Stelle) schon häufig in der Diskussion, seit in Deutschland mit Angela Merkel erstmals eine Frau in diese Position gewählt wurde. Immerhin ist auch *Bundeskanzlerin* erst seitdem ein wirklich eingeführter Terminus (und wurde damit auch zum Wort des Jahres 2005). Wenn konkret von der Position einer Amtsinhaberin die Rede ist, können Sie also durchaus auch vom *Kanzlerinnenamt* sprechen, wenn dieses Amt mit einer Frau besetzt ist. So wurde in einer Pressemitteilung der Universität Mannheim (9. Februar 2017) selbstverständlich vom *Kanzlerinnenamt* geschrieben, als zu Beginn des Jahres 2017 die neue Kanzlerin der Universität die alte ablöste:

> *Feierliche Übergabe des Kanzlerinnenamts*

Grundsätzlich sollte immer eine Überlegung im Vordergrund stehen: Wer genau ist gemeint? Wie sehr steht in solchen Bildungen die Person, die im Bestimmungswort der Ableitung *(**Lehrer**schaft)* bzw. der Zusammensetzung *(**Lehrer**zimmer)* genannt ist, im (gedanklichen) Mittelpunkt? Vermutlich haben Sie bei *Lehrerschaft* eher die damit bezeichneten Personen im Kopf als beim *Lehrerzimmer*, das natürlich zunächst auch tatsächlich das Zimmer bezeichnet – oder denken Sie doch mehr an die Personen, die es nutzen? Ein schwieriges Abwägen, das wir Ihnen leider nicht abnehmen können.

Metaphorisch gebrauchte Zusammensetzungen: *Gesetzgeber*

Interessant und immer wieder Gegenstand von Diskussionen sind Ausdrücke wie *der Gesetzgeber* (vgl. erste Textbeispiele in den Beispielanalysen im letzten Kapitel, Seite 75 f.). Hier wird keine Person bezeichnet und auch keine konkrete Szene beschrieben, an der spezifische Personen teilnehmen, sondern es geht um eine Institution oder genauer um ein komplexes Verfahren in einer Institution. Dieses Verfahren wird sozusagen metaphorisch als agierende Person dargestellt (Personifikation). Oft handelt es sich bei solchen Ausdrücken um Fachwortschatz bzw. um technische Ausdrücke, die in ihrem jeweiligen fachlichen Kontext üblich sind. In diesen Fällen halten wir das Gendern für nicht angebracht.

→ *Besuchergruppe* und *Rednerliste:* Stärkerer Personenbezug

Wenn sich die Zusammensetzungen konkret auf Personen beziehen, ist es meistens sinnvoll, zumindest zu hinterfragen, ob nicht eine Umformulierung im Sinne des Genderns besser wäre. Häufig steht hier die Tätigkeit im Vordergrund (man spricht von Nomina agentis); Beispiele sind in den folgenden Zusammensetzungen etwa *anfangen, benutzen* und *reden:*

> *Anfängerkurs, Benutzerordnung, Rednerpult*

Das gilt im Übrigen nicht nur für Substantive, sondern kann auch Adjektive betreffen:

> *leserfreundlich, benutzerfreundlich, anwenderorientiert*

Zusammensetzungen mit femininen Erstgliedern sind in diesen Fällen natürlich prinzipiell möglich, allerdings in den meisten Zusammenhängen wenig üblich.
Es sollte immer wieder eine wichtige Rolle spielen, ob konkret weibliche Personen gemeint sind oder ob es um abstrakte Begriffe geht.

Ableitungen mit *-schaft*

Während beim Plural durch Beidnennung das Gendern leichtfällt, z. B. *Schüler und Schülerinnen*, wird es bei Ableitungen von Kollektivbezeichnungen zum Beispiel mit der Ableitungssilbe *-schaft* schwieriger: Soll es *SchülerInnenschaft* oder *Schüler- und Schülerinnenschaft* oder *Schülerschaft* heißen? Wir halten in diesem Bereich die Schreibung mit einem Binnen-I für eine sehr elegante und platzsparende Lösung, weisen jedoch darauf hin, dass dies nicht im Einklang mit den Regeln der Rechtschreibung steht.

Bezeichnungen wie *Schülerschaft, Bürgerschaft, Ärzteschaft* sind sehr geläufig und werden oft als ökonomisch und stilistisch sinnvoll erklärt. Wir möchten ihre Nützlichkeit nicht völlig von der Hand weisen, geben aber zu bedenken, dass alles, was über die Defizite des »generischen Maskulinums« bei der Sichtbarmachung von Frauen festgestellt wurde, in abgeschwächter Form auch auf diese abgeleiteten Kollektivbegriffe zutrifft. Hier raten wir zu einem reflektierten Umgang mit dem ganzen Spektrum an Benennungsmöglichkeiten, insbesondere zu Abwechslung in der Benennung und auch zum wohldosierten Ausprobieren neuer Formen.

Abstraktbildungen: *Kundenbefragung*

Wenn Ereignisse und Prozesse mit Personenbeteiligung benannt werden, sind zahlreiche komplexe Wörter so gebildet: aus einem Abstraktum als Kern und einer Personenbezeichnung als Zusatzinformation. Ein Beispiel ist:

Kundenbefragung

Hier liegt ein Wort vor, das eine komplexe Szene beschreibt, in der die beteiligten Personen – diejenigen, die befragt werden – vermutlich sowohl Kunden wie auch Kundinnen sind. Der zugrunde liegende Satz dieser Wortzusammensetzung ist:

X befragt Kunden und Kundinnen. / Es wurden Kunden und Kundinnen befragt.

Immer wenn es möglich ist, eine solche Auflösung in eine konkrete Szene mit beteiligten Personen vorzunehmen, dann sollte unbedingt versucht werden, gendergerecht zu formulieren, also zum Beispiel:

Befragung unserer Kundinnen und Kunden, Befragung unserer Kundschaft

Ein ähnliches Beispiel ist die in den meisten Zeitungen zu findende Rubrik *Leserbriefe*. Es handelt sich um Briefe, die Leser und Leserinnen geschrieben haben. Eine Möglichkeit zur Bezeichnung ist »Briefe an die Redaktion«. Eine andere Option wird von der taz gewählt, die diese Zuschriften unter der Überschrift »LESERINNENBRIEFE« (in Großbuchstaben) veröffentlicht, im weiteren Text aber von »Leserbriefen« spricht.

Am besten prüfen Sie auch bei Zusammensetzungen, ob es zu dem Wortteil mit der maskulinen Form überhaupt eine feminine Form gibt und ob diese im konkreten Kontext vorstellbar und sinnvoll sein könnte. Dazu können Sie die Zusammensetzung auch auflösen:

Anfängerkurs = Kurs für Anfänger (und Anfängerinnen!)
Arztbesuch = Besuch bei einem Arzt (oder einer Ärztin!)
Leserbrief = Brief eines Lesers (oder einer Leserin!)

Üblichere Lösungen statt etwa *Ärztinbesuch* sind hier meist Bildungen mit geschlechtsneutralem Bestimmungswort *(Redepult, Wahlverzeichnis)* oder anderen geschlechtergerechten Formulierungen. Hier bieten sich verschiedene der Strategien an, die wir in den vorherigen Abschnitten vorgestellt haben.

Insgesamt gilt: Wenn mit dem komplexen Wort auf **Personen** verwiesen wird, ist Gendern notwendig, wie zum Beispiel statt *Professorengruppe*

Professoren- und Professorinnengruppe

Oder besser aufgelöst als:

Gruppe der Professorinnen und Professoren

Die folgenden Beispiele sollen Ihnen Mut machen, eigene Ideen auszuprobieren. Sie können an diesen Beispielen auch sehen, worauf Sie gegebenenfalls achten müssen, um solche Zusammensetzungen überhaupt erst einmal zu erkennen.

Besser nicht	Stattdessen mal so
Anfängerkurs	*Grundkurs, Einstiegskurs*
Benutzerordnung	*Nutzungsordnung*
Beratertätigkeit	*Beratung*
Besuchergruppe	*Besuchsgruppe*
Dozententätigkeit	*Lehrtätigkeit*
Expertenwissen	*Fachwissen*
Konfirmandenunterricht	*Konfirmationsunterricht*
Pendlerpauschale	*Pendelpauschale*
Rednerpult	*Redepult*
Rednerliste	*Redeliste*
Raucherpause	*Zigarettenpause*
Teilnehmergebühr	*Teilnahmegebühr*
Wählerverzeichnis	*Wahlverzeichnis*
anwenderbezogen	*praxisbezogen*
benutzerfreundlich	*benutzungsfreundlich*
leserfreundlich	*lesefreundlich*

Ob solche Bildungen sich in der Standardsprache verfestigen, muss die weitere Sprachentwicklung zeigen. Kreativ werden können Sie in Ihren Texten auf jeden Fall immer, und viele solcher Bildungen finden sich heute ganz selbstverständlich in allen möglichen Kontexten und auch in den Wörterbüchern.

6 Häufige Zweifelsfälle

Die Übereinstimmung von grammatischen Merkmalen zwischen verschiedenen sprachlichen Einheiten wird Kongruenz genannt (vgl. S. 11 f.). Sie betrifft damit auch die Kategorie Genus – bei grammatischer bzw. formaler Übereinstimmung (*ein fröhlich**er** Mann, ein**e** fröhlich**e** Frau*), aber auch bei inhaltlicher Übereinstimmung (***das** Mädchen ist ein**e** fröhlich**e** Jugendliche*).

Wir gehen zunächst die einzelnen genderrelevanten Formen durch, die immer wieder Fragen aufwerfen und Probleme bereiten: von einzelnen festen Formeln (*Frau Professorin, liebe Bärbel*) bis zu unterschiedlichen Strukturen der Wiederaufnahme im Satz wie prädikativen Strukturen (*Sie ist x*) oder der Wiederaufnahme durch Appositionen (***Unser** Kunde, **die** Firma x*), Pronomen (*Das Mädchen ... **Es/Sie** ...*) oder Relativsätze (*Unser Kunde, die Firma Meier, **die/der** ...*).

→ *Frau Professorin / Frau Professor*

In diesen Fällen plädieren wir in der Regel für semantische Kongruenz (vgl. die vorherigen Kapitel), denn wenn jemand angeredet oder mit einem Titel bezeichnet wird, liegt eine spezifische Referenz auf eine konkrete Person vor:

Besser:	**Möglich, aber veraltend/veraltet:**
Frau Professorin Carola Müller	*Frau Professor Carola Müller*
Sehr geehrte Frau Staatsanwältin!	*Sehr geehrte Frau Staatsanwalt!*

→ *Gabriele W., Professorin für Geschichte* (Beifügungen)

Das gilt besonders für die Apposition, die Beifügung, im Bezug auf Personen. Hier sollte immer das biologische Geschlecht der Bezugsperson beachtet werden:

Gudrun Weber, die Lehrerin meiner Söhne
Dr. Ulrike Bauer, Staatssekretärin im Familienministerium
Gabriele W., Professorin für Geschichte
Louisa Maier, Magistra Artium (M. A.)

!

Bei spezifischem Bezug auf eine konkrete weibliche Person gilt in der Regel die inhaltliche Übereinstimmung; sowohl bei der Anrede als auch beim Nennen des Titels oder der Funktion sollten also die femininen Formen verwendet werden.

→ *Liebe/Liebes Gretel · Lieber/Liebes Hansel!* (Verkleinerungsformen)

Verkleinerungsformen weiblicher (und männlicher) Vornamen auf *-el* sind wie alle Verkleinerungsformen vom Genus, dem grammatischen Geschlecht, her Neutra. Trotzdem richtet sich bei ihnen das attributive Adjektiv oder das Pronomen nach dem biologischen Geschlecht des Namensträgers. Es ist also entweder maskulin oder feminin, je nachdem, ob das neutrale Substantiv ein männliches oder ein weibliches Wesen bezeichnet:

Liebe, gute Liesel!; der hübsche Hansel
Meine liebe Bärbel! (dialektal aber:) *das Bärbel*

!

Bei grammatisch neutralen Verkleinerungsformen weiblicher und männlicher Vornamen auf *-el* gilt in der Regel semantische Kongruenz. Die Attribute und auch die Wiederaufnahmemittel im Satz stehen also entweder im Femininum oder im Maskulinum, nicht im Neutrum.

→ *Sie ist Lehrer/Lehrerin* (Titel und Berufsbezeichnungen)

Prädikative sind Satzglieder, die nach den Verben *sein, werden, bleiben* eine Aussage über das Satzsubjekt machen (vgl. S. 54–58). Sie kommen sehr häufig vor – entweder in Form eines Adjektivs (*Sie ist* ***schlau***) oder als Substantiv (*Sie ist* ***eine Schlaue*** */ Sie ist* ***Ärztin***). Da sich Prädikative inhaltlich auf das Subjekt beziehen, kann es bei Prädikativen, die Nomen sind, Zweifelsfälle geben, ob das semantische Geschlecht passend ist oder nicht (ob also Kongruenz mit dem Subjekt bezogen auf das semantische Geschlecht herzustellen ist oder nicht).

Bei Bezeichnungen für eine **Person** ist Übereinstimmung des grammatischen Geschlechts die Regel.

Petra ist Besitzerin, Paul ist Besitzer eines Hauses.

Sie gilt als beste Kundin dieses Ladens, er als bester Kunde.

Luca nennt Sebastian seinen Freund, Olga seine Freundin.

Bei Titeln/Berufsbezeichnungen, die sich auf eine weibliche Person beziehen, standen früher auch maskuline Formen (meist wenn die Rolle oder Funktion hervor- gehoben werden sollte). Heute wird eindeutig die Übereinstimmung im Genus bevorzugt:

Sie ist Lehrerin, Ärztin, Busfahrerin, Abteilungsleiterin.

Frau Heller arbeitet als Laborantin, Typografin, Redakteurin.

Ulla Krause macht eine Ausbildung zur Zeichnerin, Journalistin, Kauffrau.

→ *Sie ist Herr/Herrin der Lage* (feste Verbindungen)

Bei einigen festen Verbindungen mit Prädikativ schwankt der Gebrauch:

Die Betriebsleiterin ist ***Herr/Herrin*** *der Lage.*

Frau Meier ist ***ein Freund / eine Freundin*** *der Ordnung.*
(Apposition:) *Frau Meier, stets* ***ein Freund / eine Freundin*** *der Ordnung.*

Sie war ***Zeugin/Zeuge*** *des missglückten Attentats.*

Die Schnittwunde war so tief, dass er ***zum Arzt gehen*** *musste.*

Susanne behauptet, sie sei hier der ***Depp vom Dienst*** */ Susanne behauptet, sie sei hier* ***?der Mann fürs Grobe.***

Lukas behauptet, er sei hier das ***Mädchen für alles.***

Wie wir sehen, sind die Übergänge, wie fest eine Wendung im Sprachgebrauch geworden ist, fließend. »Herr der Lage sein« ist sicher fester als »Zeuge sein« – und dennoch wird auch in festen Wendungen zunehmend die feminine Form bevorzugt, wenn sie sich auf weibliche Personen der außersprachlichen Welt beziehen. Das können wir nur unterstützen.

Es gibt feste Verbindungen, die sich in maskuliner Form im Sprachgebrauch niedergeschlagen haben. Wenn Sie sie aber auf konkrete weibliche Personen anwenden möchten, können Sie durchaus auch die femininen Formen nutzen.

→ Das Kind ist ein Dieb · Ein Genie ist manchmal ein Einzelgänger

Bei vielen geschlechtsneutralen Personenbezeichnungen (*das Kind, das Baby, das Individuum* usw.) wird im Allgemeinen als Prädikativ (auch in der Apposition) ein maskulines Substantiv gewählt – wenn offen ist, um wen konkret es sich handelt.

Das Kind ist ein Dieb.

Jedes Mitglied ist Besitzer eines Vereinsausweises.
(Besser aber: *Jedes Mitglied besitzt einen Vereinsausweis.*)

Etwas anders sieht das allerdings aus, wenn eine zusätzliche Information bereits vorhanden ist – hier ist wieder unsere Skala der Genderrelevanz hilfreich. Stellen Sie sich eine Situation vor, in der ein Mädchen *(Clara)* beim Ladendiebstahl erwischt wird und auf der Polizeiwache auf die Eltern wartet. Dann könnten anwesende Personen durchaus über das Kind reden – und bei nun gegebener entsprechend spezifischer Referenz sagen:

Das Kind dort [= Clara] ist eine Diebin.

Dieses Mitglied [= Frau Berger] ist Besitzerin eines Vereinsausweises.

Bei spezifischer Referenz auf bekannte weibliche Personen (hier: *Clara*) werden auch Prädikative (hier: *eine Diebin*), die zu geschlechtsneutralen Personenbezeichnungen als Subjekt gehören (hier: *das Kind*), in femininen Formen verwendet.

→ *Dieses Mädchen ist eine gute Rechnerin / ein guter Rechner*

Einen ähnlichen Fall haben wir vorliegen, wenn das grammatische Geschlecht (Genus) einer Bezeichnung nicht zum einzig möglichen biologischen Geschlecht (Sexus) der bezeichneten Person passt *(das Weib, das Männlein)*. Denn bei dem (Rück)bezug in diesen Fällen kommt es zwangsläufig zu Konflikten zwischen grammatischer und semantischer Kongruenz. Auffällig und für unseren Kontext interessant ist das zum Beispiel bei *das Mädchen*, das wie alle Substantive auf *-chen* neutrales Genus hat, sich aber ausschließlich auf eine weibliche Person beziehen kann.

Was machen wir mit einem Prädikativ wie *eine gute Rechnerin / ein guter Rechner?* Hier gibt es keine Form im Neutrum (die grammatisch für ***das*** *Mädchen* ja gefordert wäre), sondern wir müssen uns zwischen Femininum und Maskulinum entscheiden.

Da das **semantische** Merkmal ›weiblich‹ vorliegt, sollte also notwendigerweise das Femininum stehen, wenn es eines gibt:

Dieses Mädchen ist eine gute Schülerin.

Das Mannequin ist eine erstaunlich gute Schauspielerin.

Zur Wiederaufnahme im Text (grammatische Übereinstimmung: *das Mädchen – es spielt* oder semantische, inhaltliche Übereinstimmung: *das Mädchen – sie spielt*) kommen wir gleich ausführlicher.

Bezeichnet eine neutrale Personenbezeichnung *(das Mädchen, das Mannequin)* nur eine weibliche Person, steht beim prädikativen Bezug ein feminines Substantiv.

→ *Die Autoindustrie ist der beste Abnehmer / die beste Abnehmerin ...*

(Exkurs zu Sach- und Kollektivbezeichnungen)

Dieser Zweifelsfall sei hier der Vollständigkeit halber erwähnt, weil es ebenfalls um grammatische Übereinstimmung geht. Denn auch wenn nicht auf Personen referiert wird, herrscht oft Übereinstimmung im Genus zwischen dem Subjekt und dem Prädikativ:

Auftraggeberin ist die Stadt München. Auftraggeber ist der Sportverband.

Allerdings gibt es bei Sachbezeichnungen und kollektiven Personenbezeichnungen keine feste Regel, die grammatische Übereinstimmung fordert. Deshalb ist hier neben der Kongruenz auch ein Wechsel zum Maskulinum oder Neutrum möglich:

Die Autoindustrie ist der beste Abnehmer / die beste Abnehmerin / das größte Anwendungsgebiet für Kunststoffe.

Die Not ist ein echter Lehrmeister / eine echte Lehrmeisterin.

Ein ähnlicher Fall liegt vor, wenn einem Substantiv eine Apposition (Beifügung) mit einem anderen Genus folgt, und sich dann an das Ganze ein Relativsatz anschließt:

*Unser Kunde, **die Agentur** Meier, **die** uns den Auftrag vermittelt hat, ...*

Hier wird meist das grammatische Geschlecht der Apposition aufgenommen, weil das Hauptgewicht des Satzes auf der Bezeichnung der Agentur liegt – möglich und ebenfalls korrekt ist aber auch die grammatische Übereinstimmung mit *unser Kunde*:

> ***Unser Kunde**, die Agentur Meier, **der** uns den Auftrag vermittelt hat, ...*

Genauso könnte man natürlich auch von *unserer Kundin, der Agentur Meier* sprechen. Da es aber in allen diesen Fällen nicht um weibliche **Personen** geht, ist dies keine Frage des Genderns.

→ *Was macht das Mädchen? Ist es/sie noch krank?*

Fraglich ist manchmal, welche Pronomen bei Genus-Sexus-Unterschieden verwendet werden sollen, wenn es um die Wiederaufnahme im Satz geht. Auch hier gibt es natürlich kein Patentrezept, häufig gibt es auch mehrere korrekte und angemessene Lösungen. Im Sinne des Genderns können wir versuchen, die dem biologischen Geschlecht entsprechende Form zu nutzen. Beim Personalpronomen und beim Possessiv sind sowohl das Femininum als auch das Neutrum möglich:

> ***Das** Mädchen geht jetzt in die Schule. **Es/Sie** ist eine gute Schülerin.*
>
> ***Das** Mädchen hat gestern trotzdem **seine/ihre** Hausaufgaben vergessen.*

Die feminine Form wird besonders dann bevorzugt, wenn das Pronomen bzw. das Artikelwort weiter entfernt steht:

> ***Das** Mädchen fand schnell Freundinnen. Besonders bemühte **sie** sich um **ihre** Tischnachbarin.*

In **Relativsätzen** dagegen ist in der Regel zunächst das Genus des Bezugswortes ausschlaggebend:

> *Das Mädchen, **das** sich nicht mehr zu erinnern schien, lief an mir vorbei.*
>
> *Das Mannequin, **das** mit dem Schauspielern anfing ...*

Erst wenn im weiteren Verlauf des Textes eine erneute Wiederaufnahme erfolgt, kommt es zu semantischer Kongruenz, also zu einer inhaltlichen Übereinstimmung:

Das Mannequin, ***das*** *mit dem Schauspielern anfing ...* ***Sie*** *war tatsächlich bald international anerkannt.*

→ *Sie ist die erste Ärztin, die ... / Sie ist die erste unter den Ärzten und Ärztinnen, die ...*

Richtig kompliziert wird es aber erst in Fällen wie diesem, wenn eine Frau innerhalb einer gemischten Menge Personen herausgehoben werden soll. Um Missverständnisse zu vermeiden, ist es dann gelegentlich notwendig, Doppelformen oder andere Formulierungen zu wählen.

- **Missverständlich:**

  Gudrun Weber ist die erste Ärztin, die diese Operation gewagt hat.
  (Man könnte fälschlicherweise annehmen, dass männliche Kollegen diese Operation schon vor ihr gewagt hätten.)

  Maria Schneider ist die bekannteste Bundestagsabgeordnete.
  (Man könnte fälschlicherweise annehmen, sie sei die bekannteste aller weiblichen Bundestagsabgeordneten.)

- **Eindeutig:**

  Gudrun Weber ist die erste unter den Ärzten und Ärztinnen, die diese Operation gewagt hat.

  Maria Schneider ist das bekannteste Mitglied des Bundestages.

Wir sehen hier schnell, dass es in solchen Fällen am besten ist, auf der Textebene anzusetzen und eine **andere Art der Vertextung** zu suchen – wie wir es schon an verschiedenen Stellen vorgeschlagen haben. Weiteren solchen Problemfällen widmen wir uns nun im Folgenden in den Beispielanalysen.

7 Beispielanalysen

Die Überlegungen des vorangegangenen Abschnitts dienen uns als eine Art Kompass, mit dem wir nun die praktische Anwendung in den Mittelpunkt stellen und anhand unterschiedlicher Textvorkommen typische Probleme und Lösungsmöglichkeiten des richtigen Genderns beispielhaft besprechen. In diesem Abschnitt wollen wir daher einige Beispieltexte »aus dem richtigen Leben« analysieren und vor allem darauf achten, welche Lösungen hier für die Fragen der richtigen Benennungen aller angesprochenen und besprochenen Personen gewählt werden. Wir haben verschiedene Textsorten ausgewählt, die sich in ihren Mitteilungsabsichten und ihren Zielgruppen unterscheiden. Diese haben wir in Untergruppen gegliedert, die wir jeweils in einem Abschnitt darstellen.

Die Beispiele decken die Skala des richtigen Genderns von »sehr gelungen« über »kann noch treffender werden« bis »wurde überhaupt nicht bedacht« ab. Die Quellen der Originalzitate sind direkt im Text angegeben. Etliche Beispiele sind tatsächlichen Vorkommen »nachgebildet«, da wir die Quellen nicht direkt aufnehmen wollten.

→ Texte an die »Öffentlichkeit«

Die Texte sprechen große Gruppen von Personen an und bringen eine Aufforderung, Bitte oder dergleichen vor; es handelt sich um Rundschreiben, Wurfpost, Massenbriefe usw.

Textbeispiel Merkblätter

Merkblatt für die Wahl der Vertreterversammlung

Sehr geehrte Wählerin,
sehr geehrter Wähler,

mit diesem Brief erhalten Sie Ihre persönlichen Unterlagen zur Sozialwahl 2017 bei der Deutschen Rentenversicherung Bund. Ihre Stimme entscheidet darüber, wer in der Vertreterversammlung in den kommenden sechs Jahren wichtige Entscheidungen trifft. Die Vertreterversammlung ist das Parlament der Deutschen Rentenversicherung Bund.

Sie haben die Wahl zwischen verschiedenen Listen. Das sind Organisationen, die sich dafür einsetzen, dass die Interessen der Versicherten und Rentner Gehör finden. Je mehr Stimmen eine Liste erhält, desto mehr Sitze kann sie in der Vertreterversammlung mit ihren Kandidaten besetzen. Die gewählten Selbstverwalter sind kompetente Frauen und Männer, die sich ehrenamtlich engagieren und Ihre Interessen gegenüber Politik und Gesetzgeber vertreten.

Ihre Stimme für eine starke Rentenversicherung!

Nutzen Sie Ihr Recht auf Mitbestimmung und stärken Sie die Versichertenvertretung im Parlament der Deutschen Rentenversicherung Bund durch Ihre Stimmabgabe.

(Auszug aus: Merkblatt als Beilage zu den Wahlunterlagen im Mai 2017 per Post an alle Haushalte)

Wir betrachten nun alle Personenbezeichnungen und die Formen des Genderns, die verwendet werden. Zunächst werfen wir einen Blick auf die direkte Ansprache. Direkte Adressierungen finden wir in mehreren Passagen des Textes: In den Zeilen 2 und 3 erfolgt die einleitende Anrede in Form der Doppelnennung und mit üblichen

Höflichkeitsformen als *sehr geehrte Wählerin, sehr geehrter Wähler*. Im weiteren Textverlauf werden diese Personen jeweils in der Höflichkeitsform *Sie* und entsprechenden Kongruenzformen – z. B. Possessivartikel: ***Ihre** persönlichen Unterlagen* – erneut adressiert. Diese Ansprache durchzieht den ganzen Text. Da gleich zu Beginn mit der Doppelnennung eine geschlechtergerechte Adressierung erfolgt, ist für den gesamten Rest des Textes klar, dass alle Arten der Weiterführung – Formen der zweiten Person in der Höflichkeitsform, also der formal dritten Person Plural – ebenfalls auf Frauen und Männer bezogen sind.

Wir sehen hier sehr deutlich, dass faire sprachliche Benennung keineswegs ein Platzräuber ist, sondern sehr sparsam, unauffällig und elegant geschehen kann. Entscheidend ist der Einstieg, die Erstbenennung. Stünde hier nur die männliche Anrede, also *sehr geehrter Wähler*, würden sich auch alle Wiederaufnahmeformen hierauf beziehen und wir hätten keinen geschlechtergerechten Text.

Um den Appellcharakter des Textes, also die Aufforderung, an der Wahl teilzunehmen, zu verstärken, stehen am Ende des Textauszugs die Adressierungen der Angesprochenen (in imperativischen Sätzen) sehr dicht: In den Zeilen 15 bis 17 treten gleich fünf Formen auf:

> ***Ihre** Stimme / nutzen **Sie Ihr** Recht / stärken **Sie** die Versichertenvertretung / durch **Ihre** Stimmabgabe.*

Man kann sagen, dass die Adressierung der Angesprochenen im Hinblick auf Gendergerechtigkeit in jeder Hinsicht gelungen ist. Die Benennung der Personen, über die gesprochen wird, also die zur Wahl stehenden Personen und deren Funktion, ist hingegen weniger perfekt gegendert.

In Zeile 6 wird das Gremium, in das die Personen gewählt werden, als *Vertreterversammlung* bezeichnet (so auch in den Zeilen 7 und 12 sowie in der Überschrift in Zeile 1). Diese Kollektivbezeichnung meint ganz offensichtlich ›die Versammlung der gewählten Vertreterinnen und Vertreter‹ und soll sich somit auf Männer wie Frauen beziehen. Da mit diesem Ausdruck tatsächlich auf Personen Bezug genommen wird (vgl. S. 63–65), halten wir die Verwendung der maskulinen Form *Vertreter* als Bestimmungswort der Zusammensetzung hier nicht für angemessen. Besser sind andere Substantive zur Bezeichnung dieses Kollektivs, zum Beispiel die weiter unten im Text auftretende Nominalgruppe *Parlament der Deutschen Rentenversicherung Bund* (Zeile 7 f.) oder die Zusammensetzung *Versichertenvertretung* (Zeile 16 f.). Der Ausdruck *Parlament* ist eine Neutralisierung (und keine Personenbezeichnung); der Ausdruck *Versichertenvertretung* enthält als Personenbezeichnung das geschlechtsneutrale Partizip *Versicherte*.

Auch die wohl als »generische Maskulina« zu verstehenden Substantive *Kandidaten* in Zeile 12 und *Selbstverwalter* in Zeile 13 sind unter dem Gesichtspunkt der Gendergerechtigkeit zu kritisieren, vor allem da hier sehr leicht Abhilfe geschaffen werden könnte. Dies zeigt sich in der Gegenüberstellung des Originals mit der verbesserten Lösung.

Ungünstig gegenderte Zeilen 11 bis 14:

Gehör finden. Je mehr Stimmen eine Liste erhält, desto mehr Sitze kann sie in der Vertreterversammlung mit ihren Kandidaten besetzen. Die gewählten Selbstverwalter sind kompetente Frauen und Männer, die sich ehrenamtlich engagieren und Ihre Interessen gegenüber Politik und Gesetzgeber vertreten.

Besser wäre:

Gehör finden. Je mehr Stimmen eine Liste erhält, desto mehr Sitze kann sie in der Versichertenvertretung mit ihren Kandidatinnen und Kandidaten besetzen. Die gewählten Frauen und Männer engagieren sich ehrenamtlich in der Selbstverwaltung und vertreten Ihre Interessen kompetent gegenüber Politik und Gesetzgeber.

Auch beim komplexen Ausdruck in Zeile 10 *die Interessen der Versicherten und Rentner* könnte durch die Doppelnennung *Rentnerinnen und Rentner* anstelle der reinen Maskulinumform *Rentner* leicht gendergerechte Sprache hergestellt werden. Beim Substantiv *Versicherten* handelt es sich, wie schon erwähnt, um ein geschlechtsneutrales Partizip im Plural, das hier als Substantiv verwendet wird.

Vielleicht ist Ihnen beim Lesen auch der Ausdruck *Gesetzgeber* in Zeile 14 in der Phrase *gegenüber Politik und Gesetzgeber* aufgefallen und Sie fragen sich, was Sie damit tun sollten. Wir vertreten die Auffassung, dass an dieser Stelle die maskuline Form korrekt ist: Handelt es sich hier doch um einen metaphorischen Ausdruck für den komplexen Prozess der Erstellung und Inkraftsetzung eines Gesetzes in einer Demokratie (vgl. S. 62). Er bezieht sich nicht auf eine bestimmte Person oder Personengruppe, sondern auf eine abstrakte staatliche Funktion bzw. Aufgabe.

Dies lässt sich dadurch erhärten, dass hier leicht statt *Gesetzgeber* ein Ausdruck wie *Legislative* oder dergleichen eingesetzt werden könnte *(gegenüber Politik und Legislative).*

Wir sehen, dass bereits in diesem kurzen und recht einfachen Text durch die richtige sprachliche Formulierung sehr viel für die Gleichstellung der Geschlechter getan werden kann. Und wir sehen auch, dass es wichtig ist, einen Text durchgängig entsprechend den Überlegungen zur geschlechtergerechten Sprache zu konzipieren, wenn er als qualitätsvoll und problembewusst wahrgenommen werden soll.

Textbeispiel Service-Informationen

Dieses Beispiel ist ähnlich auf der Homepage einer **Bank** zu finden. Es enthält Informationen zum Eröffnen eines Kontos. Appellcharakter hat dieser Text insofern, als die Bank damit neue Kunden und Kundinnen gewinnen will.

> *Wir legen für **Kunden** aus jeder Branche Konten an. Geschäftskonten können auf den Namen **des Kontoinhabers** geführt werden.*
>
> *Konten eröffnen wir für **deutsche Staatsbürger**, die im Inland leben, sowie für **ausländische Staatsbürger**, die im Inland leben und hier steuerpflichtig sind.*
>
> *Sie sind als **Freiberufler** und Selbstständige bei uns herzlich willkommen. Die privaten Girokonten werden auf den Namen des **Kontoinhabers** und auf eigene Rechnung geführt.*

Dieser Text enthält zahlreiche Bezeichnungen für die angesprochenen Personen, also Menschen, die bei der Bank ein Konto eröffnen könnten und – so das Interesse der Bank – auch eröffnen sollten. Keine der Personenbezeichnungen ist gegendert, es gibt ausschließlich maskuline Formen:

> *Kunden, Kontoinhaber, deutsche Staatsbürger, ausländische Staatsbürger, Freiberufler*

Wir können davon ausgehen, dass in unserem Land auch Frauen Bankkonten eröffnen. Insofern – aufgrund dieses Weltwissens – haben wir als Frauen Grund zur Annahme, dass wir uns in dieser Ansprache mitgemeint fühlen dürfen. Die Frage ist jedoch, ob eine derartige Adressierung nicht eher den Anlass gibt, eine andere, kundinnenfreundlichere Bank zu wählen.

Im Übrigen kann man auch hier erkennen, dass nicht jedes »generische Maskulinum« gleich unpassend wirkt. Formen im Plural *(Kunden, Staatsbürger)* sind – insbesondere in nichtspezifischer Referenz – weniger anstößig. Ausgesprochen abweisend klingt jedoch die Formulierung:

> *Sie sind als **Freiberufler** und Selbstständige bei uns herzlich willkommen.*

Hier wird eine direkte Anrede versucht *(Sie sind …)*, die jedoch nicht gelingt. Offenbar sind ausschließlich Männer angesprochen: *Freiberufler*. Der Ausdruck *Selbstständige* ist wohl als Plural zu verstehen und eher nicht als feminine Form; dann wäre es Singular und es müsste eher heißen: *Sie als Freiberufler* (Sg. Mask.) und *Sie als Selbstständige* (Sg. Fem.).

Falls hier im letzten Abschnitt des Textes ein Versuch auf gendergerechte Sprache gemacht wurde, so ist er leider als völlig missglückt zu bezeichnen, was auch daran liegt, dass man aufgrund des Vortextes nicht an die Genderbewusstheit des Verfassers oder der Verfasserin glauben kann.

→ Handlungsaufforderungen

Orts- und situationsgebundene Hinweise, Schilder und Aufschriften finden sich in großer Zahl und Verschiedenheit in vielen Situationen des Alltags. Sie richten sich an alle Personen, die sich in einer bestimmten Situation befinden und eine bestimmte Absicht oder ein bestimmtes Interesse haben. Sie sind als Handlungsanleitungen oder auch Aufforderungen an »alle, die es betrifft« gerichtet. Oft steht auch hier das »generische Maskulinum«, wie in folgendem Beispiel, einem Warnhinweis im Flur eines Mehrparteienwohnhauses, der an Personen gerichtet ist, die eventuell mit der Absicht, zu stehlen oder sonstigen Schaden anzurichten, an diesen Ort kommen.

Textbeispiel Hinweisschilder, Aufkleber

Vorsicht! Wachsamer Nachbar!

Hier wird mit dem Ausdruck *wachsamer Nachbar* kein spezifischer Bezug auf eine bestimmte Person genommen, sondern auf eine Gruppe, auf »die Nachbarschaft«, und es wird darauf hingewiesen, dass diese Gruppe grundsätzlich aufmerksam beobachtet, wer wann im Haus ist, wodurch Wohnungseinbrüche mit hohem Entdeckungsrisiko verbunden sind.

Beim Ausdruck *wachsamer Nachbar* handelt es sich somit um »nichtspezifischen Bezug«, der sicherlich Frauen und Männer gleichermaßen umfasst. Dennoch wird durch den maskulinen Ausdruck *Nachbar* das mentale Bild, das kognitive Konzept einer männlichen Person hervorgerufen und das einer weiblichen Person, einer Nachbarin, in den Hintergrund gerückt. Hier wäre jedoch eine Beidnennung nicht sinnvoll.

- **Keine** gute Lösung:

Vorsicht! Wachsamer Nachbar / Wachsame Nachbarin!

Durch diese Formulierung würde die Aufmerksamkeit auf die Personen gelenkt, die in der Nachbarschaft leben und die zentrale Funktion des Hinweises – Abschreckung von potenziellen Wohnungseinbrüchen – abgeschwächt.

Wie kann man es besser machen? Ganz einfach: Man kann eine **Kollektivbezeichnung** wählen, also z. B. ein Substantiv wie *Nachbarschaft.*

- Eine **bessere** Lösung – Kollektivbezeichnung:

  Vorsicht! Wachsame Nachbarschaft!

Noch besser ist es, die Situation, **den Zustand zu schildern**, der dazu führt, dass diejenigen, die einbrechen wollen, Gefahr laufen, bei ihrem Einbruch entdeckt zu werden. Dies kann mit Tätigkeitsaussagen wie den folgenden geschehen:

- **Sehr geschickt** – Tätigkeit benennen:

  Vorsicht! Wir passen aufeinander auf / Wir geben acht / Wir sehen, was hier geschieht.

Wenn Sie auf bestimmte Tätigkeiten, Aktionen, Zustände hinweisen wollen, benennen Sie diese durch einen Satz, eine verbale Konstruktion. Ersparen Sie sich Substantivierungen bzw. Personenbezeichnungen, die unnötiges Gendern erfordern würden.

Textbeispiel Formulare

Dieses Beispiel ist der Anleitungstext eines Finanzamtes in einem Formular für die »Bestätigung über Sachzuwendungen«. Jede der Lücken in einem Formular enthält die Aufforderung zum Ausfüllen. Die Anweisungen und Erläuterungen sind diesbezüglich »situationsgebunden« – sie gelten für die jeweilige Lücke und die jeweiligen konkreten Akte des Ausfüllens.

In dem genannten Formular lesen wir nun an der Stelle, an der die Person, die die Sachzuwendung getätigt hat, ihren Namen einfügen muss:

Name und Anschrift des Zuwendenden

Am Ende des Formulars muss die Person unterschreiben, die die Zuwendung erhalten hat. Hier heißt es im Formular:

Ort, Datum und Unterschrift des Zuwendungsempfängers

Wir waren sehr überrascht, im zweiten Jahrzehnt des dritten Jahrtausends noch amtliche Texte in dieser antiquierten Form zu finden. Ein solcherart gestaltetes Formular missachtet die Regeln der gendergerechten Sprache aufs Gröbste.

Es ist bei direktem Bezug auf konkrete Personen absolut notwendig, Frauen und Männer gleichermaßen anzusprechen, wenn sie jeweils gemeint sind. Also:

> *Name und Anschrift des oder der Zuwendenden*
>
> *Ort, Datum und Unterschrift des Zuwendungsempfängers / der Zuwendungsempfängerin*

→ Fachsprachliche und wissenschaftliche Texte

Schriftliche Texte, die sachorientiert sind und sich an eine allgemeine Leserschaft wenden, legen den Schwerpunkt auf die Darstellung von Inhalten, die mehr oder weniger wissenschaftlich bzw. fachspezifisch sind. Wenn über Personen gesprochen wird, sind (meist) nicht konkrete Individuen oder Gruppen von Individuen gemeint, sondern bestimmte Klassen von Individuen bzw. bestimmte Klassen von »Funktionsrollen« – ›Ausbilder‹, ›Sprecher‹, ›Patient‹, ›Käufer‹ usw. In diesen Textsorten ist die Neigung zum »generischen Maskulinum« besonders groß und oft auch heute noch vorherrschend. Sehr oft wird diese Auswahl der Benennung nicht kommentiert und vermutlich auch nicht reflektiert. Sie stützt sich – insbesondere in älteren Abhandlungen – auf die »selbstverständliche« Konvention des »generischen Maskulinums«. So heißt es im folgenden Beispiel:

Textbeispiel Fachausdrücke

> *Ein deiktischer Ausdruck kann vom* ***Rezipienten*** *nur richtig verstanden werden, wenn* ***er*** *die situativen Gegebenheiten kennt. (Diewald, Gabriele. 1991. Deixis und Textsorten im Deutschen. Tübingen: Niemeyer, S. 1)*

Diese Methode wird im Buch durchgängig beibehalten. Es ist nur von *Sprechern*, *Hörern*, *Rezipienten* usw. die Rede (eine Lösung, die die Autorin heute nicht mehr wählen würde).

Eine andere, ebenfalls sehr häufig gewählte Variante besteht darin, bei der ersten Nennung einer dieser Funktionsrollen eine Fußnote einzufügen, die erklärt, dass im Verlauf der gesamten Abhandlung immer nur die maskuline Form verwendet wird, dass diese jedoch sowohl Männer wie Frauen meine. Ein Beispiel (aus vielen anderen) ist das Buch »Entwicklung systemischer Therapie, Einblicke, Entzerrungen, Ausblicke« von Kurt Ludewig, Heidelberg: Auer, 2013. Dort heißt es auf Seite 10:

Textbeispiel »Gender-Fußnote«

> *… der Ausblick besteht aus Ausschnitten eines im Jahr 2010 verfassten Briefes an die nächste Generation systemischer Therapeuten.*

Der Ausdruck *Therapeuten* ist mit folgender **Fußnote** versehen:

> *Die in diesem Buch zur erleichterten Lektüre verwendete männliche Form schließt selbstverständlich auch die weibliche Form mit ein.*

Diese Lösung schien lange Zeit sinnvoll, weil sie als »platzsparend«, »leicht verständlich«, »praktisch« usw. galt.

Wir halten sie für nicht sinnvoll. Angesichts der inzwischen vorliegenden psycholinguistischen und kognitionspsychologischen Erkenntnisse ist es klar, dass diese Form keineswegs eine »erleichterte Lektüre« erzeugt. Im Gegenteil: Für Frauen (also immerhin statistisch gesehen die Hälfte aller Personen, die den Text lesen) bedeutet diese Praxis ebenso wie die unkommentierte Verwendung des »generischen Maskulinums« eine erschwerte Lektüre, weil nicht aus den sprachlichen Formen selbst zu erkennen ist, wann sie »mitgemeint« sind und wann nicht.

Vermeiden Sie die »Frauen sind mitgemeint«-Fußnote.

Diese Fußnote trägt nichts zur Verbesserung der Gendergerechtigkeit des Textes bei und hat rein rechtfertigende Funktion: Sie ist ein Versuch, die Regeln gendergerechter Sprache einerseits zwar anzuerkennen, andererseits aber ihre Anwendung zu vermeiden, ohne dafür gescholten zu werden. Wir raten dazu, eine klare Entscheidung zu treffen: Wenn Sie der Überzeugung sind, dass das »generische Maskulinum«

Frauen gleichberechtigt aufführt, wenn Sie ferner glauben, dass Ihre Leserinnen und Leser auch dieser Meinung sind, wenn Sie also meinen, dass diese sprachliche Form in der Tat die Funktion erfüllt, die ihr oft in traditioneller Orientierung zugesprochen wird, dann gibt es keinen Grund, die Verwendung der Form zusätzlich zu erläutern. In diesem Fall benötigen Sie diese Fußnote nicht.

Andererseits: Allein die Existenz dieser Fußnote, allein die gefühlte Notwendigkeit, sie setzen zu müssen, beweist, dass es eben nicht klar ist, wer gemeint ist, wenn in solchen Texten reine Maskulinformen stehen.

Der unklare Bezug einer geschlechtsspezifischen Personenbezeichnung beim Versuch, damit **alle** zu bezeichnen, wird besonders bei der Verwendung des »generischen Femininums« deutlich. Diese Form wird von vielen als »ungrammatisch« angesehen und löst oft erhebliche Irritationen aus. Dies war auch der Fall bei der Einführung der neuen Grundordnung der Universität Leipzig im Jahr 2013. Der Senat der Universität beschloss, die Grundordnung im »generischen Femininum« zu formulieren und eine entsprechende Fußnote einzufügen.

Textbeispiel »Generisches Femininum«

Direkt an der Überschrift »Grundordnung der Universität Leipzig« (vom 6. August 2013) ist eine Fußnote angebracht, die lautet:

> *In dieser Ordnung gelten grammatisch feminine Personenbezeichnungen gleichermaßen für Personen männlichen und weiblichen Geschlechts. Männer können die Amts- und Funktionsbezeichnungen dieser Ordnung in grammatisch maskuliner Form führen.*

Die Ordnung selbst ist durchgängig in neutralen Formen oder im »generischen Femininum« formuliert. Ein typischer Paragraf sieht so aus:

> *§ 12 Senat*
> *(1) Dem Senat gehören an:*
>
> *1. als stimmberechtigte Mitglieder durch Wahl*
> *a) aus der Gruppe der Hochschullehrerinnen: 11 Personen*
> *b) aus der Gruppe der akademischen Mitarbeiterinnen: 4 Personen*

c) aus der Gruppe der Studierenden: 4 Personen
d) aus der Gruppe der sonstigen Mitarbeiterinnen: 2 Personen

2. mit beratender Stimme:
a) die Rektorin
b) die Kanzlerin
c) die Prorektorinnen
d) die Dekaninnen
e) die Gleichstellungsbeauftragte

(2) Der Senat wird bei Berufungen von Professorinnen regelmäßig über die Funktionsbeschreibung der Professur, Ausschreibungstexte der Professur sowie die Zusammensetzung der Berufungskommission informiert.

Der mediale Aufruhr, den diese Lösung verursachte, zeigt, wie problematisch die Praxis des »Mitmeinens« von Männern oder Frauen durch die jeweils andere Bezeichnung ist. Beim »generischen Maskulinum« ist diese Problematik nur aus Gewohnheit lange Zeit nicht aufgefallen.

Es gibt eine andere Möglichkeit, diese Schwierigkeit bei der Bezeichnung nichtspezifischer Gruppen und gemischter Gruppen zu lösen. Sie kommt aus dem englischsprachigen Raum und besteht darin, in beliebiger Folge männliche und weibliche Berufsbezeichnungen und Pronomen zu mischen. Diese Praxis ist umstritten, da viele sich verwirrt und abgelenkt fühlen. Andere halten sie für eine gute Möglichkeit.

Ein konsequent durchgeführtes Beispiel gibt das folgende Buch: »Systemisches Handwerk. Werkzeug für die Praxis« von Rainer Schwing und Andreas Fryszer, 7. Auflage. Göttingen: Vandenhoeck & Ruprecht, 2015. Es wechselt in äußerst geschickter und vielfältiger Weise zwischen weiblichen und männlichen Bezeichnungen, Kollektivbezeichnungen, Neutralisierung sowie auch »generischem Femininum« und »generischem Maskulinum«.

Textbeispiel Abwechselnde Formulierungen

Die Autoren benennen ihre Absicht explizit:

> *In den Formulierungen haben wir uns für einen willkürlichen Wechsel zwischen weiblicher und männlicher Form entschieden, gemeint sind immer beide Geschlechter.* (S. 11)

Die folgenden Ausschnitte, die die Umsetzung des Vorsatzes illustrieren, finden sich auf den Seiten 11 f.:

> ***Ausbilderinnen** und **Kollegen** des Instituts [...], **der wissenschaftliche Beirat** des Instituts, **Leserinnen**, die uns wertvolle Kritik und Anregung gegeben haben, **Klienten**, **Supervisanden** und **Kunden**, die uns wertvolle Rückmeldungen gaben.*

Hier werden Maskulin- und Femininformen abwechselnd zur Bezeichnung aller verwendet. Daneben finden sich Neutralisierungen wie ***Beirat***, im weiteren Text sind auch zahlreiche geschlechtsneutrale Bezeichnungen wie ***Studierende*** *und* ***Auszubildende*** verwendet.

Insgesamt ist ein solcher Text ein klares Bekenntnis zur Geschlechtergerechtigkeit und illustriert außerdem die vielfältigen Optionen, um Personen zu bezeichnen.

→ Berichte über Geschehnisse

Texte dieser Art stellen Ereignisse oder Geschehnisse dar, die entweder vergangen sind oder aktuell stattfinden. Typische Textsorten mit dieser Funktion sind Protokolle, Reportagen, Geschäftsberichte, Nachrichtenmeldungen usw. Im Folgenden handelt es sich um den Bericht eines Unternehmens über eigene Aktivitäten:

Textbeispiel Schilderungen

Unsere Mitarbeiter haben z. B. einen Ausflug mit Bewohnern eines Altenheims begleitet und dienten ihren älteren Ausflugspartnern dabei als Koordinationshilfe, Unterstützer, Ansprechpartner und natürlich als netter Partner zum Plaudern.

Es handelt sich hier um ein konkretes Ereignis in der Vergangenheit. Man fragt sich, welche Personen an dem Ausflug beteiligt waren. War es eine reine Männerveranstaltung (wie es sie ja durchaus, z. B. bei Vatertagsausflügen, gibt)? Oder beziehen sich die Maskulinformen auch auf Frauen? Alle Maskulinformen? War der »nette Partner zum Plaudern« in jedem Fall männlich?

Der Text lässt all dies offen. Er weist eine starke Unklarheit im Personenbezug auf und ist unter Gendergesichtspunkten in dieser Form inakzeptabel.

Vorschlag mit gendergerechten Benennungen:

Unser Team hat z. B. einen Ausflug mit Bewohnerinnen und Bewohnern eines Altenheims begleitet und diente den Seniorinnen und Senioren dabei als Koordinationshilfe und Unterstützung. Besonderes Vergnügen aber bereitete allen Beteiligten die Möglichkeit zum Gedankenaustausch und zum netten Plaudern.

Selbstverständlich sind noch viele andere Varianten denkbar, um diesen Bericht gendergerecht zu gestalten.

Textbeispiel Protokolle

Im universitären Kontext findet man in Protokollen von Berufungskommissionen oder Ähnlichem nicht selten die Namen der Beteiligten in der Form wiedergegeben, dass die akademischen Titel und Nachnamen genannt sind, die Vornamen jedoch nur mit Initialen wiedergegeben werden. Also z. B.

Anwesend:
Gruppe der Professorinnen und Professoren: Prof. Dr. M. Ambach, Prof. Dr. T. Einweg, Prof. Dr. S. Imbusch, Prof. Dr. I. Obersee, Prof. Dr. K. Umberg

Auch die Aufzeichnungen über den Ablauf des Verfahrens bzw. der Verhandlungen, also wer wann wo eingeladen war, vorgetragen hat, sich in welcher Weise geäußert hat, enthalten oft Namen, die in dieser Weise neutralisiert sind.

Die Geschlechtszugehörigkeit der beteiligten Personen wird dadurch übergangen und man könnte sich zunächst über diese Art der Gleichstellung freuen – die Frage des Geschlechts ist ja in der Tat für die Fähigkeit zur Mitwirkung in einer Kommission, zur Übernahme einer Professur oder dergleichen mehr nicht relevant.

Zu bedenken ist in solchen – institutionellen – Kontexten jedoch Folgendes: Die Gesetzeslage schreibt für die Besetzung von Kommissionen und anderen Gremien oft Quoten bzw. paritätische Besetzung vor, insbesondere in denjenigen Gruppen, die die Führungsebene repräsentieren. Diese Bestimmungen sind oft »Sollbestimmungen«. Die scheinbare Neutralität durch Tilgung der geschlechtsspezifischen Namensbestandteile kann in solchen Fällen dazu dienen, zu verschleiern, dass keine oder zu wenige Frauen in den entscheidenden Gruppen beteiligt sind. Dass dies nicht im Sinne der Geschlechtergerechtigkeit ist, dürfte deutlich sein. In solchen Fällen ist darauf zu bestehen, das Geschlecht der Mitglieder explizit zu machen.

Textbeispiel Nachrichten

In Reportagen und Nachrichtenmeldungen werden oft Gruppenbezeichnungen für die Darstellung von Sachverhalten und Ereignissen gebraucht:

> *Ein Problem im Stadtteil sind die Häuser, in denen Osteuropäer wohnen. Hier herrschen chaotische Zustände.*

Der Ausdruck *Osteuropäer* meint hier nicht nur Männer, sondern ›osteuropäische Männer, Frauen, Kinder‹. Wie könnte man hier besser formulieren? Abgesehen davon, dass solche Statements zuallererst auf ihren latenten Rassismus hin überprüft werden sollten, ist eine mögliche Lösung: *Menschen aus Osteuropa*, also:

> *Ein Problem im Stadtteil sind die Häuser, in denen Menschen aus Osteuropa wohnen ...*

Durch diese Wahl wird auch der Rassismus – zumindest dieser Sätze – entschärft.

→ Normative Texte

Hier sind Gesetze, Vorschriften, Verordnungen, Regelwerke aller Art erfasst. Es handelt sich um Texte, die eine allgemeine Verbindlichkeit haben: Sie gelten für alle, die es betrifft, und sie schreiben normativ bestimmte Arten des Verhaltens vor.

Im Grunde sind dies auch direktive Texte, doch ist kein spezifischer Personenkreis gemeint. Die Regel gilt immer dann, wenn der entsprechende Fall eintritt; es ist nicht spezifiziert, ob er eintritt und wer genau beteiligt ist.

Um hier Sicherheit bezüglich der Bedeutung und des außersprachlichen Bezugs herzustellen, wird gerade zur Formulierung solcher Texte die Nutzung gendergerechter Sprache vorgeschrieben – und oft auch die Auswahl der möglichen sprachlichen Formen hierzu festgelegt.

Wir haben oben bereits einen dieser Texte behandelt (das Beispiel der Grundordnung der Universität Leipzig, S. 84 f.), der durch die unübliche Verwendung des »generischen Femininums« die Relevanz gendergerechter Sprache auch und gerade in diesen allgemeingültigen Textsorten verdeutlicht hat.

Die meisten Texte dieser Art verwenden die gebräuchlichen Optionen der Doppelformen, der Neutralisierungen und gelegentlich auch einiger Kurzformen.

Textbeispiel Verordnungen

So werden beispielsweise in der Promotionsordnung der Philosophischen Fakultät der Gottfried Wilhelm Leibniz Universität Hannover durchgängig Doppelnennungen verwendet. Es heißt dort z. B. »Verleihung des Grades einer Doktorin oder eines Doktors der Philosophie«, »die Forschungsdekanin oder der Forschungsdekan«, »Doktorandinnen und Doktoranden«. Dies verlängert den Text ohne Zweifel. Doch steht gerade bei Ordnungen und Vorschriften die referenzielle Richtigkeit und Genauigkeit an erster Stelle, sodass in solchen Texten auf jeden Fall – auch wenn sie nicht unter gesetzliche Regelungen fallen – auf korrektes Gendern geachtet werden muss.

Daher muss ein Fall wie der folgende als **Negativbeispiel** gelten:

Textbeispiel »Generisches Maskulinum«

In dem »Merkblatt für Notare über Beistandspflichten« der Oberfinanzdirektion Frankfurt am Main vom Dezember 2016 wird ausschließlich die Maskulinform »Notar« bzw. »Notare« verwendet, z. B. in »Merkblatt über die steuerlichen Beistandspflichten der Notare«, »Absendevermerk des Notars«, »der Notar ist verpflichtet ...«. Dieses Verfahren wird in den Vorbemerkungen mit der uns schon bekannten »Frauen sind mitgemeint«-Anmerkung kommentiert:

> *Geschlechterspezifische Bezeichnungen werden aus Vereinfachungsgründen lediglich in der männlichen Form verwendet.*

Es ist allgemein akzeptiert, dass gerade Vorschriftentexte grundsätzlich nicht primär der Forderung nach »Vereinfachung« folgen können und dürfen, sondern größtmögliche Explizitheit und Richtigkeit anstreben müssen, sodass die angeführte »Begründung« hier noch weniger akzeptabel ist als in anderen Texten. Kurz: Diese Lösung ist unter dem Gesichtspunkt der gendergerechten Sprache und hinsichtlich des Gebots der Nicht-Diskriminierung inakzeptabel.

→ Selbstdarstellungen

In diesen Bereich fallen Texte, bei denen die »Ausdrucksfunktion«, also die der Darstellung der eigenen Positionen, Absichten und Eigenschaften, eine große Rolle spielt (neben anderen Funktionen). Typische Beispiele sind Werbetexte in Broschüren, Prospekten, Netzauftritten oder auch Interviews. Sehr typisch sind Texte wie der folgende, in dem eine Firma ihre starke Ausrichtung auf die Kundschaft anpreist:

Textbeispiel Werbetexte

> *Wir wollen* ***die Kunden*** *begeistern:* ***Kundenorientierung*** *ist für uns besonders wichtig, denn* ***Kundenbegeisterung*** *ist ein zentraler Erfolgsfaktor. Daher möchten wir herausfinden, was* ***der Kunde*** *gut oder schlecht findet.*

Unter der Perspektive der Gendergerechtigkeit weist dieser Text große Defizite auf. Die ausschließliche Verwendung der Maskulinform *Kunde* bzw. *Kunden* wirkt geradezu penetrant. Darüber hinaus wird hier eindrücklich vor Augen geführt, dass

Singularformen, z. B. in »was der Kunde gut findet«, erheblich negativer auffallen als maskuline Pluralformen, wie »die Kunden begeistern«, und dass Zusammensetzungen wie »Kundenorientierung« noch am ehesten tolerabel sind.

Es ist mit hoher Wahrscheinlichkeit anzunehmen, dass zahlreiche (potenzielle) Kun**dinnen** die Haltung, die aus diesem Text spricht, als Missachtung ihrer Person (bzw. der Personengruppe der Frauen) betrachten, sodass die angekündigten Bemühungen um bessere »Kundenorientierung« nicht den erhofften Effekt (des erhöhten Zuwachses an Kundschaft) haben dürften. Gendergerechte Sprache kann durchaus ökonomisch positive Effekte haben, während das Ignorieren von Frauen in der sprachlichen Kommunikation deren Interesse an den Angeboten negativ beeinflussen kann.

Entsprechendes gilt auch für das nächste Beispiel:

Textbeispiel Infotexte

> *Wir befragen regelmäßig alle Mitarbeiter und Führungskräfte, denn wir möchten die Karrierechancen der weiblichen Mitarbeiter verbessern.*

Werden hier nur die männlichen Mitarbeiter befragt, wie die Karrierechancen der »weiblichen Mitarbeiter« verbessert werden können? Die Unklarheit des Personenbezugs könnte hier leicht beseitigt werden, indem man von »Angestellten«, von »Mitarbeiterinnen und Mitarbeitern«, von »Firmenangehörigen« usw. spricht.

Zum Abschluss

Mit diesen Beispielen ist das Spektrum von Texten und kommunikativen Anlässen – und damit die Vielfalt der Gelegenheiten zur Anwendung gendergerechter Sprache – bei Weitem nicht abgedeckt. Auch sind nicht alle Schwierigkeiten, die auftreten können, beseitigt. Wir hoffen dennoch, dass unsere Beispiele helfen, den Blick auf dieses weite Feld zu schärfen, und dass sie einige Fragen gelöst und einige Orientierungspunkte gesetzt haben. Und natürlich, dass sie Anregung für den eigenen Umgang mit Sprache bieten.

Register

R

S

T

U

V

W

Z

Grammatik und Zeichensetzung sicher beherrschen

Ganz einfach!
Grammatik
112 Seiten. Broschur
ISBN 978-3-411-74323-0

Ganz einfach!
Zeichensetzung
64 Seiten. Broschur
ISBN 978-3-411-74353-7

www.duden.de

Korrekt und kompetent schreiben